Peter Krause

Bunter leben

EINE ENTDECKUNGSREISE FÜR DAS GUTE LEBEN

28 Ideen für 28 Tage

Bibliografische Information
der Deutschen Nationalbibliothek
Die Deutsche Nationalbibliothek verzeichnet diese Publikation
in der Deutschen Nationalbibliografie; detaillierte
bibliografische Daten sind im Internet über http://dnb.d-nb.de
abrufbar.

Copyright: © 2014 Peter Krause, Herdecke
Umschlaggestaltung: Jan Temmel, Velbert-Langenberg
Foto für den Umschlag: Cornelia Keusemann, Herdecke
Herstellung und Verlag: BoD- Books on Demand, Norderstedt
ISBN: 9783738602753

Warum sollten wir alle unsere kreative Kraft nutzen?
Weil es nichts gibt, das Menschen so großzügig,
so froh, so lebendig, so mutig
und so mitfühlend werden lässt,
so gleichgültig dem Kämpfen gegenüber
und der Anhäufung von Gütern und Geld.

Brenda Ueland

Inhalt

Einleitung

Warum ich dieses Buch geschrieben habe. Wie dieses Buch aufgebaut ist. Kreativität?. Sieben Grundprinzipien. Vorbereitung deiner Reise. Etappen und Stationen der Reise.

Die Entdeckungsreise

Die erste Etappe

Mit spitzer Feder: Ärger mit dem Kapitän

1.Station, 2.Station, 3.Station, 4.Station, 5.Station, 6.Station, 7.Station und Etappenrückblick

Die zweite Etappe

Mit spitzer Feder: Am Canyon

8.Station, 9.Station, 10.Station, 11.Station, 12.Station, 13.Station, 14.Station und Etappenrückblick

Die fairventure-Kurse

Einleitung

Schön, dass du deinen Alltag, also deine Welt neu entdecken willst. Herzlich willkommen! Mit Sicherheit bist auch du ein Mensch, der gerne mal über den Tellerrand schaut, der sich für Neues interessiert und der auch mal unbekannte Wege geht. Wenn das nicht so wäre, würdest du das jetzt nicht lesen. Um nun dieses Buch sinnvoll verwenden zu können, kommt es aber noch auf eine weitere Kleinigkeit an, nämlich darauf, dass du (mit einem begrenzten Zeitaufwand, ohne große Veränderungen in deinem Leben durchführen zu müssen) auch wirklich etwas tust. Es ist leicht, etwas gut zu finden, zu kritisieren oder zu diskutieren. Es ist aber noch etwas anderes, etwas auch wirklich – im ganz normalen Alltag – zu tun! Dazu gehört mitunter eine Form von Überwindung, die nicht jedem Menschen leicht fällt und auf die dennoch sehr viel ankommt.

Ich bin davon überzeugt, dass wir alle gemeinsam sehr viel in unserer Welt verbessern können, wenn wir dafür nur ein bisschen Zeit und Aufmerksamkeit investieren. Und genau dafür soll dieses Buch eine Hilfe sein. Also: Herzlichen Dank für deine Breitschaft mit zu tun!

Hier und da ist immer wieder von den *Kulturkreativen* die Rede. Damit sind Menschen gemeint, die sich nicht passiv mit den Verhältnissen zufrieden geben, in denen sie mehr oder weniger gut leben, sondern die ihren Alltag aktiv so gestalten, dass sie sich wirklich wohl fühlen. *Kulturkreative* kümmern sich darum, dass es ihnen selbst, den Mitmenschen und der Umwelt besser geht. Mit diesem Buch bekommst du eine Anleitung an die Hand, mit der du selbst zu einem kulturkreativen Menschen werden kannst.

Mit dem Verändern der Welt beginnst du beim wichtigsten Teil: Bei dir selbst!

In diesem Buch findest du Vorschläge für deine ganz persönliche Entdeckungsreise, auf der du lernen wirst, dein Leben mit anderen Augen zu sehen. Spielerisch begegnest du Alltäglichem und Neuem mehr und mehr auf kreative Weise. Schritt für Schritt wirst du dich dabei selbst neu entdecken und verändern.

Am besten für andere ist das, was du wirklich gern und mit Freude tust!

Ich bin davon überzeugt, dass es gelingen kann die Welt besser zu machen, wenn immer mehr Menschen damit beginnen, ihre Welt neu zu entdecken und in kleinen Schritten zu verändern!

Warum ich dieses Buch
geschrieben habe

In irgendeiner Weise sorgen wir alle tagtäglich für uns. Wir pflegen und ernähren uns, wir gehen unseren Verpflichtungen nach und genießen Freiräume, in denen wir tun und lassen können, was immer wir wollen. Die Zeit eines jeden Tages teilen wir zum größten Teil ein, manches ergibt sich aus Gewohnheit wie von selbst. Vieles tun wir für andere, ob zu hause oder am Arbeitsplatz.

Alle diese Aktivitäten sind *Wirtschaft* im besten Sinne. Wir führen unser Leben und unseren Haushalt wie ein kleines Unternehmen. Und je mehr wir uns das klarmachen, desto eher kommen wir von der Vorstellung los, dass Wirtschaft immer mit Geld, mit kaufen und verkaufen oder irgendwelchen Firmen zu tun haben muss. Wenn wir erst mal entdeckt haben, dass Wirtschaft viel mehr ist als wir gemeinhin glauben – nämlich ein ganz wichtiger, guter und uns allen sehr naher Lebensbereich –, sind wir dort angekommen, wo wir etwas ganz wichtiges erkennen:

Wenn wir selbst in unserem ganz persönlichen Leben Wirtschaft mit Umsicht und Aufmerksamkeit betreiben, wird sich das sofort positiv auf die Umwelt und andere Menschen auswirken.

Wer sich mit Entdeckungsfreude und Veränderungsbereitschaft in den Alltag begibt, kann die Welt verändern! Denn alle Instrumente, die dafür nötig sind, und die auch in der Wirtschaft eine Rolle spielen, tragen wir in uns: In

9

unserem alltäglichen Leben erkennen wir Möglichkeiten, Bedeutung, Menge oder Wert von etwas ebenso, wie wir uns darum kümmern, unseren eigenen Bedarf planvoll zu decken. Dabei spielt Geld tatsächlich in den seltensten Fällen eine Rolle, denn den größten Teil der geleisteten Arbeit und der erbrachten Dienstleistungen geben und nehmen wir ohne finanzielles Äquivalent. Je mehr wir das begreifen und daraus Leitlinien für unser Leben entwickeln, desto mehr entwickeln wir eine Wirtschaft, die unserem Leben dient, statt es zu unterwerfen und uns dadurch auch noch selbst unfrei zu machen.

Jene, die nicht bereit sind Ihr Denken zu ändern,
vermögen überhaupt nie etwas zu ändern.

Bernard Shaw

Wie dieses Buch aufgebaut ist

Du findest dieses Buch so gegliedert, dass sich auf 28 Stationen verteilt Vorschläge für eine (vierwöchige) Entdeckungsreise finden. Ich empfehle, dass du dir vier Wochen lang täglich soundsoviel Zeit einräumst. Das ist die Zeit für deine Entdeckungsreise, damit du die vier Etappen und alle 28 Stationen auch ansteuern kannst. Du wirst es ganz sicher nicht bereuen! Mindestens aber solltest du die erste und die vierte Etappe der Anleitung absolvieren.
Wenn du die Vorschläge für die einzelnen Stationen liest,

kannst du sie innerhalb von vier Wochen Tag für Tag bearbeiten. Fühle dich aber ebenso frei darin, einzelne Vorschläge nicht aufzugreifen, um dafür andere länger anzuwenden. Alles ist deine eigene Entscheidung, folge deinem Gefühl und sorge immer dafür, dass du dich bei den Übungen wohl fühlst. Sei spielerisch, probiere einfach aus, was ich dir vorschlage und sei gespannt darauf, was dann in dir und deinem Leben ausgelöst wird.

Gott ist in Wirklichkeit auch Künstler.
Er erfand die Giraffe, den Elefanten und die Katze.
Er hat keinen eigenen Stil.
Er probiert einfach ständig neue Dinge aus.

Pablo Picasso

Auf deiner Entdeckungsreise wirst du vielem begegnen, was du bereits kennst und manchem, was für dich neu ist. Darauf kommt es allerdings nicht an, sondern darauf, dass du *bewusst* wahrnimmst und handelst. Was meinst du, wie oft ein Konzertpianist Tonleitern übt oder eine Tänzerin ihre Schritte? Es kommt nicht zuerst darauf an, ob du etwas kennst oder nicht, sondern wie *bewusst* du etwas tust. Daraus ergibt sich der erste Übergang zu dem, was ich *kreativ* nenne: Wissen und Können *immer wieder neu* auf das Leben anzuwenden.

Wir lernen nicht durch Erfahrung, sondern durch
unsere Fähigkeit, Erfahrungen zu machen.

Buddha

11

Kreativität?

Den Begriff Kreativität verbindet man meistens mit dem Malen von Bildern oder dem Spielen eines Musikinstrumentes usw. Dann ist damit zum Beispiel gemeint, dass jemand einen Blumenstrauß auf einem Papier so abbildet, wie er ihn sieht oder mit seiner Flöte das Plätschern eines Baches melodisch wiedergibt.

Kreativ sein heißt aber auch, gestaltend mit dem Leben selbst umzugehen. Auf Herausforderungen angemessen reagieren zu können, indem man Lösungen für auftretende Probleme findet, bedeutet, kreativ zu handeln. Dadurch wird die Welt, wird die Natur zu etwas anderem, als sie es vorher war. Es gibt nicht nur eine *Theaterkultur*, sondern auch eine *Lebenskultur*. Kreativ sein, das Gegebene aufgrund eigener Zielsetzungen zu gestalten, hat viel mit Gegenwärtigkeit zu tun. Je mehr es uns gelingt, unser Leben *kulturkreativ* zu führen, desto mehr haben wir die Zügel selbst in der Hand und desto wohler fühlen wir uns darum auch.

Stell dir mal vor, dass du zu einem Geburtstag eingeladen bist. Du möchtest ein Geschenk mitbringen. Welches? Das herauszufinden, kann eine echte Herausforderung sein. Ein Geschenk selbst machen? Du liebe Güte, das ist besonders schwer... Was kannst du? Wird es dem Geburtstagskind gefallen? Findest du das albern, ein Geschenk selbst zu basteln? – Das alles sind *kreative Herausforderungen*. Dieses Buch mit seinen Anleitungen wird dir helfen, *im ganzen Leben* kreativ sein zu können. Lass dich fröhlich und unbeschwert auf die vorgeschlagenen Übungen ein, und bemühe dich erst gar nicht, sie albern, sinnvoll oder sonst wie zu finden, sondern *mache* sie. Einfach so!

Im wiederholten Anblick steigert sich ein Kunstwerk.

Walter Benjamin

Kreativität beginnt oft im Dunkeln. Du konntest das am Beispiel eben nachvollziehen. So eine Situation kennen wir nämlich alle und sagen dann vielleicht, dass wir im Dunklen tappen. Stimmt, gut ausgedrückt! Es ist wie mit dem Samenkorn, das in die Erde gelegt wird und dort erst mal eine Weile ruht, bevor man etwas zu sehen bekommt. Alles braucht seine Zeit, beginnt oftmals mit einer ganz einfachen Handlung und man ist ein guter Gärtner, wenn man zu aller erst Geduld aufbringt. Kreativ sein heißt auch, immer wieder das Abwarten zu üben!

Sieben Grundprinzipien

- Kreativität ist die Grundkraft des Lebens
- Kreativität kann man trainieren
- Kreatives Wirtschaften steigert die Lebensqualität
- Du gestaltest die Welt
- Sei spielerisch und spontan
- Versuche, bewusst zu handeln
- Du kannst das Leben verwandeln

13

Vorbereitung deiner Reise

I. Wähle dir einen Rastplatz, an dem du hin und wieder Pause machst, um deine Eindrücke zu sortieren, aufzuschreiben, aufzumalen, nach- und weiter zu denken.

- Wähle dafür einen Platz in deiner Wohnung aus (Vielleicht deinen Schreibtisch, einen Platz am Esstisch...).
- Schaffe an diesem Platz Ordnung und gestalte ihn so, dass du dort gern verweilen magst (Eine kleine Blumenvase, eine Topfpflanze, eine Postkarte.... irgendetwas wird es sein, was du gern anschauen magst. Mach dir selbst die kleine Freude und stell so etwas an deinen Rastplatz).

II. Stelle dir die für deine Entdeckungsreise benötigten Dinge zusammen. Das sind:

- Papier
- Schreibzeug (Bleistift, Kugelschreiber oder Füller)
- Buntstifte
- ein Klebestift
- eine Sammelmappe oder ähnliches im Format A4

Etappen und Stationen der Reise

Es gibt auf vier Etappen aufgeteilt insgesamt 28 Reisestationen. Du findest für jede Etappe einen Text der mit „spitzer Feder" geschrieben ist, was bedeutet, dass er (aus teils humorvoller Sicht) Gedanken zum Thema des kreativen, mitweltlichen Wirtschaftens beschreibt. Und zu jeder Station gehören eine kleine Einstimmung, eine Übung und ein Etappenrückblick.

Jetzt lege fest:

Ich werde die Texte zur Einstimmung und Übung morgens um _____ Uhr in Ruhe lesen und bedenken.

Zusätzlich gebe ich mir abends um _____Uhr Zeit zum Nachdenken.

(Du benötigst dafür jeweils etwa 20 Minuten).

Die Entdeckungsreise

Die erste Etappe

Ärger mit dem Kapitän

Es gibt Menschen, die können sehr wütend werden, wenn man sie entsprechend reizt. Und unter diesen Menschen sind es die meisten, die sich (zum Glück) dennoch „in der Hand" haben. So setzte vor etwa 300 Jahren ein Kapitän einen seiner Matrosen auf einer Insel aus, statt ihn zu verprügeln oder ihm gar schlimmeres anzutun. Eine Legende war geboren!

Alexander Selkirk stammte aus Schottland, galt als cholerischer Draufgänger und legte sich – niemand weiß mehr genau warum – mit seinem Kapitän an, der ihn eben daraufhin kurzerhand auf der Insel Mas a Tierra (heute „Isla Robinson Crusoe" genannt) aussetzte. Dort überlebte Selkirk vier Jahre bis zu seiner Rettung im Jahr 1709 und lieferte damit Daniel Defoe den Stoff für seinen weltberühmt gewordenen Roman.

Vieles war anders und bedeutend unwirtlicher als im Roman beschrieben. Selkirk fehlte auf der Insel so ziemlich alles, was uns Heutigen das Leben angenehm macht.

Allerdings war genügend von dem vorhanden, was zum Überleben notwendig ist: Wasser, Früchte, Kräuter, Tiere usw. Selkirk hatte nur diejenigen Dinge nicht (von einer Bibel abgesehen), die unser Leben besonders erträglich machen. Also alles, was lediglich „nice to have" ist fehlte ihm. Und nach dem Notwendigen musste er geduldig Ausschau halten, sich in radikaler Bescheidenheit üben (es gab außer ihm noch nicht mal einen anderen Menschen auf der Insel) und geschickt improvisieren. Später, nach seiner Rettung bezeichnete Selkirk diese vier Jahre auf der einsamen Insel als die glücklichsten und freisten seines Lebens. Warum wohl?

Ein sehr großer Teil unserer Zeit und Kraft geht im alltäglichen Leben für Dinge und Beziehungen drauf, die nicht unbedingt notwendig sind oder die uns sogar schaden. Wir können aber andererseits auch nicht anders, als uns diesen Herausforderungen zu stellen, denn wir leben nun mal nicht auf einer einsamen Insel, sondern in Hamburg, Dresden, Frankfurt oder Sonstwo. Und dort werden wir zu einem großen Teil gelebt, statt frei und selbst bestimmt unsere Kräfte und Wünsche verwalten zu können. Für Geld arbeiten müssen wir, sonst könnten wir unsere Kosten nicht bestreiten. In Streitereien werden wir zwei fix drei   hineingezogen, nur weil wir vergessen haben, dass wir mit der Treppenreinigung dran sind und ein Mitbewohner unsere Entschuldigung nicht akzeptiert. Am Ende des Geldes ist noch zu viel Monat übrig, weil es uns wegen der Zinsen einfach nicht gelingen will, aus dem Dispo herauszukommen. Und so weiter, und so weiter.

Das „Undsoweiter" scheint sogar ständig mehr zu werden. Die uns nahe stehenden Menschen sind auch nicht dauernd sorglos, und älter werden wir auch noch. „Aber wo bleibt das Positive", fragen wir uns immer intensiver. Und dann könnte ein Erich Kästner (wieder) antworten: „Weiß der Teufel, wo das bleibt!" Auf einer Insel ließe sich ganz anders, freier und unbeschwerter leben. Die durch das Inselleben gegebenen Unbillen würden die meisten von uns in Kauf nehmen, wenn nur der Druck des ganz gewöhnlichen Alltags unseres Lebens weg wäre. Also, wo ist der Kapitän, den wir zur Weißglut treiben können?

So weit weg vom Leben auf der einsamen Insel sind viele Menschen heutzutage aber gar nicht mehr. Das was „nive to have" ist, können sich viele Menschen nicht mehr leisten. Die Kinokarte ist für sie ebenso zu teuer, wie das Feierabendbier in der gemütlichen Kneipe nebenan. Die Schuhe sind zwar eigentlich aufgetragen, müssen aber noch einen weiteren Winter durchhalten. Und die Mitmenschen, mit denen sich reden ließe, sind in allem Elend auch recht rar geworden. Das alles ist soweit nicht erfunden, es ist Lebensrealität für immer mehr Menschen und ein gefürchtetes Szenario für alle – eben weil wir wissen, dass es für jeden von uns bald auch so sein kann.

Das Ganze ist aber natürlich nicht ohne Hoffnung und Chance. Wie Selkirk könnten wir auch heute erst mal damit beginnen, uns unserer Lage überhaupt bewusst zu werden. Wir könnten danach damit fortfahren, außerhalb dessen, was uns den Alltag versalzen will, nach anderen Grundlagen für unser Leben zu suchen. Es gibt immer mehr Menschen und Netzwerke, die andere Möglichkeiten des Lebens und Wirtschaftens propagieren. Immer mehr Menschen schließen sich zusammen. Die Keime einer guten Zukunft sind sichtbar geworden!

Der wütende Kapitän konnte Selkirk nicht wirklich schaden. Alltäglichkeiten müssen uns nicht in den Ab- grund reißen, wenn wir nur wach genug sind, die Alter- nativen zu entdecken und für uns zu nutzen. Dann wird jeder Tag, ja jeder Augenblick zu etwas Positivem führen können, auch wenn das manch einem der wütenden Kapi- täne noch ganz egal ist.

1. Station

Einstimmen (am Morgen)

(Erfinde deine eigene Überschrift für diesen Abschnitt)

Stell dir einmal vor, wie du ein gutes Buch zur Hand nimmst und danach für zwei Stunden ins Lesen versinkst. Alles um dich herum ist dir egal, du bist ganz der Geschichte hingegeben. Manch einer sagt sich, er nehme sich viel zu selten Zeit dafür. Aber warum eigentlich *nehmen*? Sieh es doch mal so, dass du dir die Zeit zum Lesen des Buches *gibst*. Deine Zeit gehört dir, sie ist dein Eigentum, vielleicht sogar dein wertvollster Besitz. Und von diesem Besitz *gibst* du dir selbst zwei Stunden, um damit in Ruhe und mit ganzer Hingabe in dem Buch zu lesen. Eine neue Qualität taucht auf, wenn du den Umgang mit deiner Zeit so zu sehen beginnst, denn du lebst dann so, dass du in erster Linie vom Geben ausgehst, statt vom Nehmen.

Jemand hat mir mal gesagt, die Zeit würde uns wie ein Raubtier ein Leben lang verfolgen. Ich möchte viel lieber glauben, dass die Zeit unser Gefährte ist, der uns auf unserer Reise begleitet und uns daran erinnert, jeden Moment zu genießen, denn er wird nicht wiederkommen. Was wir hinterlassen ist nicht so wichtig wie die Art, wie wir gelebt haben.

Jean-Luc Picard

23

Üben (tagsüber)

Heute unternimmst du einen ersten Ausflug auf deiner Entdeckungsreise. Gib dir 30 Minuten, die du jetzt in den Lauf deines Tages platzierst.

Dein Ausflug wird also heute von _____ bis ___ Uhr sein.

Dieser Termin (du bist mit dir selbst verabredet) ist sehr wichtig! Auch wenn dein Tag heute schon sehr verplant ist, streiche etwas anderes, verschiebe was möglich ist, um die 30 Minuten für deinen Ausflug einrichten zu können. Mach keine Kompromisse, den Termin auch einzuhalten, denn zum Beispiel zu einem Vorstellungsgespräch würdest du auch nicht zu spät kommen.

Dann, wenn es soweit ist, suche dir ein ruhiges Plätzchen. Zuhause, in einem Café... Du solltest dich wohlfühlen. Nimm einen unbeschriebenen A4-Bogen und schreib auf, was dir zu deinem Umgang mit Zeit einfällt. Überlege nicht lange, sei spontan. Schreibe unsortiert und möglicherweise auch durcheinander 15 Minuten lang auf, was dir spontan zum Thema Zeit einfällt. Dann lehne dich zurück, nimm das Papier in die Hand und lies 10 Minuten lang immer wieder deine aufgeschriebenen Worte. Danach ruhe dich 5 Minuten aus, lass deine Gedanken fliegen, wohin sie wollen.

Steck das Papier ein, wir brauchen es später noch.

Nachdenken (am Abend)

Nimm jetzt dein Übungsblatt zur Hand und lies es ruhig durch. Nun erinnere dich daran, wie du heute bei deinem ersten Ausflug aufgeschrieben hast, was du jetzt gerade gelesen hast. Sieh dir dabei selbst in der Erinnerung zu. Beobachte, was du fühlst, während du dir selbst beim Schreiben zusiehst. Bist du neugierig und möchtest wissen, was in diesem Menschen gerade vorgeht, der da sitzt und schreibt? Wie wirkt er auf dich: nervös, entspannt, konzentriert....? Sieh es dir einfach an, bewerte nichts. Nun lies die Worte auf dem Papier noch einmal und trage hier ein, was vom Aufgeschriebenen dich am stärksten angesprochen oder beeindruckt hat:

2. Station

Einstimmen

(Erfinde deine eigene Überschrift für diesen Abschnitt)

Es gibt manches, das dich aus der Ruhe bringen kann. Sowohl Freude, als auch Kummer können über dich kommen, wenn sich die Wogen des Lebens mal zu hoch auftürmen. Es ist ein beliebter Weg, um dann wieder zur Ruhe zu kommen, einen Spaziergang zu machen. Raus an die frische Luft, Handy aus, ruhig gehen und tief atmen....
Atmen kann man übrigens auch mit seinen Sinnen und seiner Seele. Das bedeutet, offenen Herzens um sich zu sehen, zu hören, zu riechen. Den Blick über die Felder zum Horizont schweifen lassen, sich mal ins Gras setzen und mit den Händen zart drüber streichen, stehenbleiben und aufmerksam lauschen, wie die Vögel singen, der Wind durch die Baumkronen streicht.... Einfach mal ganz loslassen, was einen alltäglich beschäftigt und sich der Schönheit der Natur hingeben. Das beruhigt, entspannt, erfrischt!

Wir leben in einem gefährlichen Zeitalter. Der Mensch beherrscht die Natur, bevor er gelernt hat, sich selbst zu beherrschen.

Albert Schweitzer

Okay, Spaziergänge machst du ohnehin regelmäßig. Großartig! Aber darauf kommt es nicht an, sondern darauf, dass du dir heute *bewusst* eine halbe bis ganze Stunde gibst, um in der Natur zu entspannen. Stell deinen Tagesplan um, sag etwas anderes ab, wenn du meinst, für den Spaziergang keine Zeit zu haben. Dass du diese Übung entsprechend wichtig nimmst, gehört dazu. Denn: Du selbst bist für deine Tagesplanung am wichtigsten. Hab den Mut, das auch umzusetzen, indem du dir *heute* die Zeit für diese Übung gibst.

Wenn du dann deinen Ausflug in die Natur machst, sammle Eindrücke: Was siehst du? Was hörst du? Begegnen dir unterwegs andere Menschen? Welche Tiere siehst du am Weg?

Lege jetzt bitte die *Verabredung mit dir selbst* fest:

Ich gehe heute von _____ bis _____ Uhr spazieren.

Nachdenken

Mache ein paar Notizen zu den folgenden Fragen:

Wie war dein Spaziergang? Was hast du gesehen?

Was hast du gehört?

Sind dir Menschen begegnet? Was hast du an ihnen erlebt?

Welche Tiere waren an deinem Weg?

3.Station

Einstimmen

(Erfinde deine eigene Überschrift für diesen Abschnitt)

Es ist wohltuend, wenn man in seiner Umgebung schöne Dinge hat, die man gern ansehen mag. Man kann mit seinem Blick auf einem Bild ruhen, das man im Wohnzimmer aufgehängt hat, dabei in aller Ruhe Tee trinken und die Gedanken kreisen lassen. So ein ruhiges Betrachten erleichtert es, etwas loszulassen oder mit ganz anderen Augen zu sehen.

Die Möglichkeiten, sich seine Umgebung irgendwie zu dekorieren, sind so zahlreich geworden, dass sich für jeden Geschmack etwas finden lässt. Da ist es mitunter schon eine Herausforderung, etwas ganz persönliches zu finden, etwas, das man nicht nur deswegen haben will, weil man es vorher bei jemand anderem gesehen hat und irgendwie schön findet. Du kannst dir etwas aussuchen, das dich ganz persönlich anspricht, weil es sich zum Beispiel mit einer neuen Idee oder einem Wunsch verbindet. Immer wenn du es dann siehst, lebt auf angenehme Weise der Wunsch in dir auf und erleichtert dir, an ihn zu glauben, ihn nicht zu vergessen.

Man entdeckt keine neuen Erdteile, ohne den Mut zu haben, alte Küsten aus den Augen zu verlieren.

André Gide

29

Üben

Suche dir etwas, das du im Badezimmer neben oder vor dem Spiegel platzierst. Eine Postkarte (du wünschst dir einen Urlaub am Meer)? Ein Kästchen (du möchtest deinem Partner/deiner Partnerin bald eine Überraschung machen)? Eine Schraube (du willst bald die Küche renovieren)?..... Wähle etwas, mit dem sich ein Wunsch von dir verbindet, an den du gern immer wieder erinnert werden willst.

Lass den Gegenstand für sieben Tage dort liegen. Wir kommen in einer Woche wieder darauf zurück.

Nachdenken

Notiere bitte ein paar Gedanken zur heutigen Übung:

Welches ist dein Wunsch? Was wird sich durch dessen Erfüllung in deinem Leben verändern? Welchen Gegenstand
hast du vor den Badezimmerspiegel gelegt, um dich immer wieder an deinen Wunsch zu erinnern?

4.Station

Einstimmen

(Erfinde deine eigene Überschrift für diesen Abschnitt)

Die Menschen im Bus starren vor sich hin oder aus dem Fenster, in der Einkaufsstraße eilen sie geschäftig an dir vorbei, an der Kasse im Supermarkt warten sie erkennbar ungeduldig darauf, endlich dranzukommen..... Kennst du das?

In entlegenen Gegenden, wo der Einkauf wegen der weiten Wege gut geplant sein will, plauscht man gern auch mal mit seinem Parkplatz-Nachbarn. Auf dem Flughafen ergibt sich aus der Urlaubslaune im Wartebereich manch ungezwungenes Gespräch. An der Kaffeemaschine am Arbeitsplatz kann man auch mal locker über die anstehende Autoreparatur reden.

Du gehst über den Bahnsteig und ein dir entgegenkommendes Kind lächelt dich an. Du wartest an der Ampel und der Fahrer des Lieferwagens neben dir nickt dir freundlich zu. An der Tankstelle scherzt jemand über den einsetzenden Regen. Kennst du das auch? Etwas Lächeln kann unsere Tage versüßen. Kostet nichts und wirkt garantiert!

Was der Sonnenschein für die Blumen ist, dass sind lachende Gesichter für die Menschen.

Joseph Addison

Egal, was du heute zu tun hast, beginne deinen Tag mit einem Lächeln. Stell dir die nächste Aufgabe vor, die du angehen wirst und lächle. Jetzt! Wenn du nun deinen Tag absolvierst, mach das Experiment und lächle den Menschen zu, die dir begegnen. Sollte dir jemand sagen, dass er traurig oder ärgerlich ist, lächle ihn an und sag etwas nettes. Das muss gar nichts mit seinen Problemen zu tun haben. Wenn das Erstaunen auslöst, sage, dass du bewusst etwas schönes weitergeben wolltest, wo es doch offensichtlich (und verständlich) so viel gibt, das uns grämt.

Nachdenken

Schreib spontan auf, wie es dir heute mit dem Verschenken deines Lächelns ergangen ist. Du musst keinen Roman schreiben, notiere einfach ein paar Gedanken, die dir jetzt kommen, wenn du dich an den Tag erinnerst. Ist dir das Lächeln leicht gefallen? Oder bist du dir komisch vorgekommen? Wie haben die Menschen auf dein Lächeln reagiert?.......

5.Station

Einstimmen

(Erfinde deine eigene Überschrift für diesen Abschnitt)

Erinnerst du dich daran, wie du als Kind die Welt erkundet und erlebt hast? Alles war irgendwie viel größer, weiter und geheimnisvoller. In den Wolken hast du Tiere gesehen, in Muscheln das Rauschen des Meeres gehört.

Irgendwann begann man damit, dir die Welt zu erklären. Die Dinge bekamen Namen. Der alte Riesenbaum war danach eine Eiche, die Zwergenburg eine Tropfsteinhöhle. Und mit den Namen der Dinge um dich herum, die man dir beibrachte verschwand nach und nach das Geheimnisvolle, Erstaunliche aus deiner Welt. Wir Erwachsenen gehen rational mit unseren Eindrücken um. Schade eigentlich, denn das kindliche Staunen öffnet die Sinne für Schönheiten um uns herum, die wir nur zu selten als solche bemerken. Vieles kann eine eigene Geschichte erzählen, wenn wir nur wieder hinhören – und wenn wir wieder für einen Moment „kindlich" werden.

Neues entsteht nicht durch den Intellekt, sondern durch den Spielinstinkt, der aus innerer Notwendigkeit agiert. Der kreative Geist spielt mit den Objekten, die er liebt.

C. G. Jung

Üben

Wenn du heute deine Wohnung verlassen hast, um irgendwo hin zu gehen, sieh dich mal nach einem Stein um. Davon liegen auch an deinem Weg eine ganze Menge herum.
Normalerweise beachtest du sie nicht. Aber heute siehst
du hin zu ihnen und schaust sie dir genau an. Suche dann
(d)einen Stein aus, weil er dir aus irgendeinem Grund
besonders gefällt. Reibe die Erde von ihm, drehe und
wende ihn in deiner Hand und stecke ihn ein, um ihn mit
nach hause zu nehmen.

Nachdenken

Nun lege den Stein an deinem Rastplatz auf den Tisch. Drehe und wende ihn immer wieder. Lege ihn so, dass die Schatten mal so, mal anders auf ihn fallen. An was erinnert er dich? Stell dir mal für einen Moment vor, wie alt dieser Stein schon sein mag. Er hat vielleicht während der letzten Eiszeit in einem Gletscher gesteckt, wurde später ausgegraben, wieder eingegraben, von irgendwelchen Menschen die Straße entlang gekickt.... Eine laaannnge Geschichte, die dein Stein auf seinem Buckel hat. Er ist unscheinbar, ist meistens wenig beachtet worden in den letzten Jahrtausenden, und nun liegt er vor dir, weil du ihn aufgehoben und mit zu dir nach hause genommen hast. Was fühlst du, nachdem du, sagen wir fünf Minuten, deinen Stein angesehen und so nachgedacht hast?

6.Station
Einstimmen

(Erfinde deine eigene Überschrift für diesen Abschnitt)

Manche sagen: „Was man isst, ist man!" Nehmen wir mal an, du würdest einen Monat nur rohe Kartoffeln essen. Dann bist du zwar immer noch keine Kartoffel geworden, aber es ginge dir vermutlich nicht mehr so ganz gut. Nehmen wir andererseits an, du würdest bevorzugt frisches Gemüse essen, deinen Speiseplan auch ansonsten abwechslungsreich gestalten, dann wirst du das im ganzen Lebensgefühl bemerken. Es gibt nicht wenige Menschen, die nicht nur essen, weil sie Appetit haben, sondern die mindestens hin und wieder ausdrücklich genießen, es sich wohl ergehen lassen, während sie ihre Speisen zu sich nehmen.

Die Ausrichtung auf genießerisches essen beginnt schon mit dem Einkauf. Dazu braucht man keinen prall gefüllten Geldbeutel, sondern manchmal nur die Lust, sich etwas Besonderes zu gönnen. Das wird nicht unbedingt ein Fertiggericht aus der Dose sein, auch nicht das Schnäppchen aus dem Kühlregal. Es kann etwas sein, was von A bis Z einfach gut ist und worauf du darum einfach mal Lust hast. Also: Gönn dir ein kleines Experiment!

Wenn die Zeit kommt, in der man könnte,
ist die vorüber, in der man kann.

Marie von Ebner-Eschenbach

Geh in deine Küche und sieh dich genau um. Was hast du in den Regalen, im Kühlschrank und so weiter gelagert? Natürlich kennst du das alles. Sieh es dir trotzdem *bewusst* an. Was magst du davon *besonders* gern? Wähle drei Sachen aus. Welche sind das?

1._____

2._____

3._____

Nun stelle dir für jedes möglichst intensiv vor: Wie schmeckt das? Wann hast du es zum ersten mal gegessen? Wann zuletzt?.....
Wenn du jetzt etwas zum Preis von etwa 5 Euro hinzufügen könntest, das es jetzt noch nicht (oder nicht mehr) in deiner Küche gibt, was wäre das?

4._____

Und genau das, was du unter 4. aufgeschrieben hast, besorge dir heute bitte. Versuche es aber in einem kleinen Geschäft (also nicht im Supermarkt) zu kaufen, in dem du bisher noch nicht warst.

Wenn du dann nach hause kommst, trinke oder esse davon mit größtmöglichem Genuss.

Nachdenken

War es schwierig für dich, drei Dinge auszuwählen, die du wirklich gern magst? Gibt es mehr, viel mehr in deiner Küche, auf das das zutrifft? Es ist ja das eine, dass man seinen Appetit stillt und etwas anderes, wenn man sich dem Genuss wirklich hingibt, es sich beim essen und trinken also wirklich gut gehen lässt.

Eine Genuss versprechende Kleinigkeit hast du dir heute gekauft. Was verbindest du mit diesem Nahrungsmittel? Woran wirst du erinnert?.....

Wäre doch schön, wenn du mindestens einmal pro Woche diese Übung wiederholst. Oder?

Einstimmen

(Erfinde deine eigene Überschrift für diesen Abschnitt)

Es gibt Orte auf dieser Welt, an denen es sehr still ist. So still, wie man es normalerweise aus seinem Alltag gar nicht kennt. Man hört keinen Verkehrslärm, keine Baumaschinen oder Stimmengewirre. Nur der Wind rauscht in den Bäumen oder das Wasser plätschert zwischen den Steinen....

Meistens leben wir den ganzen Tag von Geräuschen umgeben. Manche Menschen ertragen Stille schon gar nicht mehr. Da sind das Radio oder der Fernseher angeschaltet, nicht weil man eine interessante Sendung verfolgen würde, sondern einfach so, als Geräuschkulisse eben. Wo Geräusche *ablenken,* führt die Stille zu Erfahrungen, denen man im Alltag einen eigenen Raum geben kann: Aus der Stille können besondere Gedanken auftauchen, sich Gefühle entfalten und klären. Zu manchen unserer Fragen stellen sich in der Stille wie von selbst Lösungsmöglichkeiten ein. Still werden bedeutet darum auch nicht, passiv zu werden, sondern sich einer Herausforderung auf eine andere Weise zu stellen, als es im allgemeinen geschieht.

Wenn ihr ein Problem anpackt,
wird es euch den Weg zeigen, es zu lösen.

Thakar Singh

Üben

Beobachte heute bitte, wo es in deinem Leben still ist und wo laut. Gibt es besondere Momente, in denen es in deinem Alltag still wird? Oder gibt es besonders stille Räume, die du im Laufe des Tages aufsuchst? Versuche mal zu addieren, wie viel Zeit für dich still verläuft, während du deinen Tag erlebst. Vielleicht machst du dir dazu auch kurze Notizen?!

Nachdenken

Jetzt sind seit heute Morgen einige Stunden vergangen. Du bist deinen alltäglichen Verrichtungen nachgegangen. Während der Tag verlief hast du dich bemüht, Momente und Räume der Stille zu bemerken. Waren diese Zeiten ausreichend, in denen es still um dich war? Wie viel Zeit war das, und wie hast du dich in der Stille gefühlt? Notiere ein wenig dazu:

Was könntest du tun, um dir jeden Tag eine (weitere) halbe Stunde Stille zu gönnen?

Das ist mit Sicherheit nicht schwer und darum machbar. Setze es um!

Etappenrückblick

Während unserer ganzen Existenz auf dieser Planetin Erde kümmern wir uns mehr oder weniger bewusst auch um die Welt in der wir leben. Das gilt für uns als Menschengemeinschaft insgesamt, wie auch für jeden einzelnen Menschen als Individuum. Naheliegende, grundlegende Bedürfnisse leiten uns, wenn wir uns um Nahrung, Wärme, Regeneration usw. kümmern. In all diesen Aktivitäten findet das statt, was man *Wirtschaft* nennt.

Gewöhnlich verbindet man mit dem Begriff „Wirtschaft" nur den Austausch von Waren und Dienstleistungen gegen Geld, obwohl das tatsächlich nur auf den geringsten Teil unserer wirtschaftlichen Aktivitäten zutrifft. Die allermeisten wirtschaftlichen Aktivitäten erfolgen auf einer Basis, die mit dem Geld im herkömmlichen Sinne gar nichts zu tun hat.

Bemerkenswerter Weise beeinflusst die auf Geld gegründete Wirtschaft unser aller Leben immer mehr. Ob jemand an Geld arm oder reich ist, hat in unserer heutigen Welt weitreichende Folgen, insofern immer mehr der grundsätzlichen Lebensbedürfnisse nur gegen Geld zu befriedigen sind, und ebenso der Zustand, in dem sich unsere Erde insgesamt befindet, sehr eng mit all dem zusammenhängt, wie und wofür Geld ausgegeben wird. Diese Situation, die sich so erst in den letzten zwei bis drei Jahrhunderten zugespitzt hat, untergräbt inzwischen unser aller Lebensqualität.–

Wirtschaft rechnet mit Ressourcen. Insofern sollten wir, wenn wir unseren Ausgangspunkt für das Schaffen menschen- und umweltgerechter Wirtschaftsformen konsequenterweise auch beim einzelnen Menschen nehmen, von der *Zeit* ausgehen. *Zeit ist die wichtigste Ressource für jedwede Form von Wirtschaft, weil sie jedem von uns wertstabil gleichviel zur Verfügung steht.* Im Sinne eines bewussten Wirtschaftens wird es demnach zuerst darum gehen, wie wir mit der uns zur Verfügung stehenden Zeit umgehen. Wofür verwenden wir sie?

Ein Manager, der eine Autofabrik leitet, wird Zeit zu aller erst für den Bau von Autos verwenden. Dies entspricht dem Zweck des von ihm geleiteten Unternehmens. Auch unser eigenes, persönliches Leben ist ein Unternehmen, dessen Manager wir selbst sind. Dieses Unternehmen hat den Zweck, gut für sich und andere zu sorgen. Darauf sollten wir klugerweise in erster Linie unsere Zeit verwenden. Ebenso wie der Manager der Autofabrik nichts tun wird, was nicht dem Zweck seines Unternehmens entspricht, sollten auch wir darum bemüht sein, ebenfalls nur so zu handeln, dass es unserer aller Leben dient. Ansonsten würden wir den Zweck unseres Unternehmens verfehlen.

Um dem Leben dienlich wirtschaften zu können, bieten sich für uns alle genügend Handlungsfelder, die wir als solche vielleicht erst entdecken müssen. Diese Handlungsfelder erlauben es, dass wir, von unserer eigenen Alltagswelt ausgehend, sinnvoll, mitweltlich und darum Qualität steigernd mit unserer Umwelt, mit unseren Mitmenschen und mit uns selbst umgehen.

Zum effizienten Wirtschaften gehört neben der Handlungskompetenz auch eine gute Portion Kreativität. Dadurch werden sowohl der Manager im Autokonzern, wie auch wir selbst in die Lage versetzt, Vorhandenes sinnvoll einzusetzen und weiter zu entwickeln, um in entsprechenden Situationen adäquat reagieren zu können. Mein Anliegen ist es, Ideen und Methoden zu verbreiten, die Menschen in ihrem kreativen Umgang mit der Wirtschaft unterstützen können. Ich glaube, dass Wirtschaft im umfassenden Sinne dadurch ökologischer werden kann (was sie auch unbedingt muss, wenn wir nicht komplett Schiffbruch erleiden wollen).

Dieses Buch, das eine Anleitung zu einer spielerischen Entdeckungsreise sein will, vermittelt Anregungen zu Übungen und Experimenten, mit denen ansatzweise die direkten Bezüge von Wirtschaft zum eigenen, aktiven Leben erlebbar werden können. Gemeint ist zugleich auch, dass jeder einzelne Mensch mit zunächst kleinen Schritten damit beginnen kann, die Welt zum Besseren zu verändern.

Die Übungen sind auf vier Rubriken verteilt, die wie vier Säulen verstanden werden können. Auf diesen Säulen ruhend findet meiner Überzeugung nach Wirtschaft statt. Es sind: Das eigene Ich, das Du, das Wir und der umfassende Zusammenhang der Welt. Das diese Gliederung so geworden ist, ist der Anregung von Heidemarie Schwermer zu verdanken, deren Gib-und-nimm-Projekt eine großartige Idee ist, mit der es sich zu beschäftigen lohnt.

Die zweite Etappe

Am Canyon

Vor einigen Jahren führte mich eine erste Reise nach Kanada auch an den Fraser River Canyon. Eine beeindruckende Schlucht, die zu den wohl sehenswertesten Zielen an der Westküste dieses wunderbaren Landes gehört. Naturkräfte haben sie in langen Zeiträumen in die Landschaft gegraben.

In Kanada ist die Schlucht bis zu 180 Meter tief. Weit unten sieht und hört man das Wasser des Flusses rauschen. Die beiden Seiten der Schlucht sind nahezu unüberwindbar voneinander getrennt. Der Anblick macht schwindelig. Der Brückenbau über eine solche Schlucht würde viel Kraft verschlingen und ein Seiltanz ist nicht jedermanns Sache. Trotzdem: gerade in der heutigen Zeit ist prinzipiell jede Schlucht überbrückbar!

Eine ebenso nur schwer überwindbare Schlucht hat sich in die Angebotswelt unserer heutigen Wirtschaft gegraben. Da sind auf der einen Seite die Kampfpreise. Waren und Dienstleistungen werden unter immer härteren Bedingungen angeboten, weil das Geld der Verbraucher nicht ausreicht, die eigentlich notwendigen

Preise zu zahlen. Die Konkurrenz, inzwischen weltweit ausgerichtet, zwingt zu Preisen, die keine auskömmlichen Einkommen für Erzeuger, Hersteller und/oder Händler ergeben. An den Kassen der Supermärkte arbeiten Menschen vollzeitig, die von ihren Einkommen nicht mehr unbesorgt leben können, Fachgeschäfte werden aus den Innenstädten verdrängt, weil die Mieten spekulativ zu hoch getrieben wurden. Und irgendwo auf der Welt zahlen arme, hungernde Menschen den eigentlichen Preis, indem sie unter unwürdigen Bedingungen zu Billiglöhnen produzieren, was in Innenstädten und Onlineshops zu Billigpreisen verramscht wird.

Die andere Seite dieser Schlucht wird durch Preise gebildet, die zwar für Herstellung und Distribution auskömmlich, aber für die meisten Verbraucher unerschwinglich sind. Der handgefertigte Anzug vom Schneider oder die Reparatur eines Haushaltsgerätes konkurrieren mit der Kleidung von der Stange (Made in Taiwan) und dem günstigeren Neuerwerb anstelle der lohnkostenintensiven Reparatur. Höhere, gerechtere Preise sind fast schon zum unerschwinglichen Luxus geworden. Billigartikel sind oft scheinbar der für viele einzig mögliche Kompromiss. Wollen wir das? Muss das wirklich immer so weiter gehen? Oder wird es Zeit, auch hier eine solide Brücke zu bauen?

Kürzlich hatte ich die Gelegenheit, mit zwei Frauen über die Preise der Friseure zu diskutieren. Die eine der beiden Frauen war zufrieden, lobte den guten Service und die gute Qualität der Arbeit, die andere war empört. Für mich waren die genannten Preise eine angemessene Entlohnung für gute handwerkliche Arbeit. Natürlich geht es auch billiger (cut and go), aber unter welchen Bedingungen? Natürlich können sich die meisten Menschen unter den gewöhnlichen Bedingungen als Verbraucher eine faire Entlohnung nicht mehr so ohne weiteres leisten. Und doch ist hier eine Veränderung möglich und nötig.

Es beginnt mit der Einsicht, die jeder von uns haben kann. Gute Angebote von Waren und/oder Dienstleistungen haben ihren Preis, wenn die Bedingungen und das Umfeld nachhaltig und fair sein sollen. Die Wirtschaft, die sich auf Verbraucher- und Anbieterseite auf angemessene Preise einigt, ist schon mittelfristig allein dazu geeignet, unsere Versorgung auf einem akzeptablen, gesunden Niveau zu gewährleisten. So sehr wir als Verbraucher den regionalen Fachhandel durch unsere Einkäufe unterstützen, so sehr Gewerbetreibende faire Preise kalkulieren und für diese auch erklärend werben, werden unsere wirtschaftlichen Verhältnisse gerecht und stabil sein. Das ist erst mal eine Tatsache!

Dann stellt sich natürlich bald die Frage, ob man bei seinem besten Willen finanziell in der Lage dazu ist, bewusst, auch im Angesicht höherer Preise, einzukaufen. Klare Antwort für die meisten Verbraucher: Bestimmt nicht bezogen auf den ganzen Bedarf, aber zum Teil auf jeden Fall!

Ein guter Vorsatz könnte sein, jedenfalls einen Teil seiner monatlichen und jährlichen Ausgaben dort zu tätigen, wo man selbst nach gründlicher Überlegung ganz und rundum zufrieden ist. Suche dir im „Schnäppchen"- und „Geiz ist geil"-Zeitalter doch die eine oder andere Gelegenheit aus, wo du in Zukunft guten Gewissens einkaufst, weil du weißt, dass die Bedingungen der Herstellung und des

Handels in Ordnung sind. Ganz konkret könnte das bedeuten: Gib 50 Euro je Monat und 100 Euro bezüglich der jährlichen Anschaffungen nicht unter dem Gesichtspunkt des günstigsten Preises aus. Das wären 700 Euro insgesamt pro Jahr. Bezogen auf diese Summe belaufen sich die möglichen Mehrkosten auf allenfalls 10-20 Prozent, was ein Betrag ist, den jeder verschmerzen kann.

Mitweltliche Wirtschaft fördern und den unseligen Preiskämpfen entgegentreten, ist also kein Seiltanz über eine tiefe Schlucht, sondern eher ein gemütliches Wandern über eine tragfähige Brücke. Es liegt in unser aller Hand, welche Form der Wirtschaft wir für unsere Zukunft wollen, entscheiden können wir darüber durch (wenigstens teilweisen) bewussten Konsum.

8.Station

Einstimmen

(Erfinde deine eigene Überschrift für diesen Abschnitt)

Der Treppenaufgang in einem Verwaltungsgebäude sieht gleich ganz anders aus, wenn auf einem Absatz eine Pflanze steht. Vielleicht breitet ein Ficus vor einem großen Fenster seine Zweige aus und ergänzt so die ansonsten kühle Atmosphäre. Farbig gestaltete Wände in Fertigungshallen von Fabriken bewirken das genauso wie ein Blumenstrauß auf dem Schreibtisch. Sie sind Ergänzungen, die eine Umgebung beleben. Es braucht mitunter nicht viel, um im Alltag durch kleine Ergänzungen angenehme Sinneseindrücke zu erzeugen. Eigenartigerweise gönnen wir uns solche „Komplemente" (von frz. complément: Ergän-zung) viel zu wenig!

Ein wirksames Komplement kann es auch sein, wenn wir einmal pro Monat unser Gemüse auf dem Wochenmarkt statt beim Discounter kaufen, oder auf dem Weg zur Arbeit die Menschen an der Bushaltestelle freundlich begrüßen. Irgendetwas kleines, was sonst nicht geschehen würde oder nicht da wäre und was den Alltag ein bisschen bunter macht... Das kannst du auch!

Glück entsteht oft durch
Aufmerksamkeit in kleinen Dingen, Unglück oft durch
Vernachlässigung kleiner Dinge.

Wilhelm Busch

51

Üben

Überlege für einen Moment, wo du in deiner Umgebung in deinem Alltag eine Ergänzung schaffen könntest, die dich (und andere) erfreut. Ein lustiges Bild außen an der Eingangstür zu deiner Wohnung bringt Menschen zum Schmunzeln. Eine kleine Blumenvase und ein paar Zweige und Blumen von unterwegs werden an deinem Arbeitsplatz für Aufmerksamkeit sorgen.....

Was für ein Komplement willst *du* heute schaffen?

_____

Nachdenken

Erinnere dich kurz an deine Überlegungen dazu, wo und wie du heute ein Komplement geschaffen hast. Wie haben die Menschen darauf reagiert? Wie hast du dich dabei gefühlt?

Notiere (oder zeichne?) ein wenig dazu:

9.Station

Einstimmen

(Erfinde deine eigene Überschrift für diesen Abschnitt)

Die ganze Welt um dich herum ist von Licht erfüllt. Überall ist Licht, sogar nachts (ein klein wenig). Komisch ist, dass du das Licht selbst nicht siehst. Du siehst die Sonnenstrahlen im Dunst des Himmels oder die beleuchteten Staubkörnchen, die vor dir in der Luft tanzen. Das Licht selbst ist unsichtbar, es erscheint am Gegenständlichen und dort siehst du es.

Ebenso ist die Welt voller guter Ideen, voller Lust und Freude.... Und auch all das kannst du nicht sehen, wie deinen Kugelschreiber oder deine Brille. Ideen, Lust, Freude und so weiter erscheinen in Gedanken, Gefühlen und in Worten. Worte bringen die Weisheit genauso zur Erscheinung, wie die Staubkörnchen das Licht.

Jeder Mensch kennt irgendwelche solcher Wortgebilde. Gedichte, treffliche Zitate oder, oder. Auch du kennst sicherlich ein paar Weisheitsworte, an die du möglicherweise gern denkst und die dir im Leben schon gute Dienste erwiesen haben.

Alles ist gut. Der Mensch ist unglücklich, weil er nicht weiß, dass er glücklich ist. Nur deshalb. Das ist alles, alles! Wer das erkennt, der wird gleich glücklich sein, sofort im selben Augenblick.

Fjodor Michailowitsch Dostojewski

Bitte heute jemanden, dir ein schönes Zitat oder Gedicht zu geben (zu sagen oder aufzuschreiben). Stell dir jetzt mal vor, wen du heute deswegen ansprechen willst. Schreib zum Beispiel fünf Namen auf. Ruf diese Menschen an, gehe zu ihnen oder sonst etwas. Sei wie der Landwirt zur Erntezeit und gehe hinaus in dein Leben, um ein schönes Weisheitswort zu ernten.

Namen von Menschen, die du heute im Laufe des Tages um ein Weisheitswort bitten wirst:

Nachdenken

Und? Wie ist die Ernte? Schreib das schönste geerntete Weisheitswort jetzt hier auf:

10. Station

Einstimmen

(Erfinde deine eigene Überschrift für diesen Abschnitt)

Großartig, dass unser Leben rhythmisch verläuft. Stell dir mal vor, es würde nicht Abend oder Morgen werden, es würde kein ablaufendes Jahr geben – oder kein Werden und Vergehen... So wie es ist, ist jeder Tag ein neuer Tag. Mag es auch eine Vergangenheit geben und manches, das sich durch unsere Tage zieht. Es ändert nichts daran, das die einen Tage vergehen und andere immer wieder neu beginnen.

In diesen Rhythmen des Lebens geschehen viele Dinge, die wir bewusst gar nicht bemerken, die aber für uns trotzdem nicht ohne Bedeutung sind. Recht besehen macht es einen Unterschied für unsere Stimmungslage, ob das Wetter sonnig oder regnerisch ist. Irgendwie spielt das für jeden eine Rolle.

Mitunter haben wir auch ein Gefühl für einen Sachverhalt, das sich einfach einstellt und das zu uns spricht. Es kann ganz interessant sein, auf diese feinen Eindrücke im Hintergrund unseres Lebens aufmerksam zu werden.

Man sieht nur mit dem Herzen gut. Das Wesentliche ist für die Augen unsichtbar.

Antoine de Saint-Exupery

Üben

Auch dieser Tag ist ein neuer Tag. Vieles wird zum ersten mal geschehen. So wird es irgendeinen Menschen geben, der der erste ist, dem du außerhalb deiner Wohnung begegnest. Ebenso wird es auch heute ein erstes mal geben, das dich ein Mensch anspricht. Achte darauf, wer dir als erstes begegnet und auch in welcher Weise. Freundlich vergnügt oder durch Sorgen zerknirscht? Was waren die ersten Worte, die du heute von jemand anderem gehört hast? Mach dir ruhig dazu Notizen, damit du nichts vergisst.

Nachdenken

Erinnere dich (anhand deiner Notizen?) daran, wem und welchen Worten du heute zuerst begegnet bist. Trage dazu hier ein paar Worte ein:

Übrigens: Was macht dein Wunschgegenstand vor dem Spiegel im Bad? Hast du ihn immer wieder angesehen und an deinen Wunsch gedacht? Was genau hast du gedacht? Schreib einfach drei Beispiele auf:

1._____

2._____

3._____

In einer Woche kommen wir wieder darauf zurück.

11.Station

Einstimmen

(Erfinde deine eigene Überschrift für diesen Abschnitt)

Immer mehr Menschen sind fast ständig erreichbar. Smartphones, kombiniert mit der Nutzung des Internet... nicht nur einfach Anrufe, auch Kurzmitteilungen, Dialoge um nicht wirklich wichtige Dinge und Ereignisse... Im „echten" Briefkasten an der Haustür landen meistens nur Rechnungen oder Reklamesendungen. Schade eigentlich, denn wie wir uns über „gewöhnliche" Post – also ganz echte, anfassbare – freuen, bemerken wir zum Beispiel, wenn uns (das gehört möglicherweise zu den Aus-nahmen) zum Beispiel ein Urlaubsgruß erreicht, der, von einem lieben Menschen verschickt, in unserem Briefkasten landet. So etwas kann man anfassen. Es hat eine andere Qualität, als eine E-Mail oder ein Posting bei Facebook. Aber wer schreibt heutzutage noch „echte" Briefe? Zum Beispiel du!

So wie der Appetit mit dem Essen kommt, so kommt die Inspiration mit der Arbeit.

Igor Strawinsky

Gib dir heute wenigstens eine halbe Stunde ungestörte Zeit dafür, einen kurzen Brief zu schreiben. Das wird am besten um _____ Uhr möglich sein. Bedenke, dass das wieder eine sehr wichtige Verabredung ist, die du mit dir selbst gemacht hast. Halte den Termin ein und sorge dafür, dass du durch nichts und niemanden gestört wirst.

Lege fest, an wen du den Brief schreiben wirst. Wer würde sich besonders darüber freuen, von dir Post zu bekommen? Bei wem wolltest du dich ohnehin mal wieder melden? .....

_____

_____

_____

_____

Mach dir keine großartigen Gedanken darüber, was du schreibst. Berichte einfach von dir und aus deinem augenblicklichen Leben. Wende vielleicht an, was du auf deiner Reise bisher kennengelernt hast: Du *gibst* dir Zeit für eine Entdeckungsreise, hast ein Weisheitswort geschenkt bekommen oder in der Zeitung eine wirklich gute Nachricht gefunden. Frag den Adressaten deines Briefes danach, wie sie oder er das findet. Dann stecke den Brief ins Kuvert und bring ihn heute noch zur Post.

Nachdenken

Wie hat sich die heutige Übung für dich angefühlt? Wann hast du zuletzt einen (persönlichen) Brief bekommen? Von wem? Was könnte es bewirken, wenn du ab heute in gewissen Abständen (zum Beispiel einmal pro Monat) an jemanden einen echten, von Hand geschriebenen Brief verschickst? Notiere etwas dazu:

12.Station

Einstimmen

(Erfinde deine eigene Überschrift für diesen Abschnitt)

Jemand sagte einmal, dass man nicht nicht kommunizieren kann. Immer wenn wir Menschen einander begegnen, findet irgendeine Form der gegenseitigen Wahrnehmung statt. Daraus ergibt sich Kommunikation. Eine wunderbare Fähigkeit ist es z.B., sprechen zu können. Worte können Gedanken und Gefühle einkleiden. Sie sind darum ein wesentliches Grundelement unserer Kommunikation.

Technische Beschreibungen bestehen ebenso aus Worten, wie die Texte von Liedern und Gedichten. Worte berühren uns, fordern unsere Aufmerksamkeit heraus. Unter den verschiedensten Möglichkeiten, zueinander in Kontakt zu treten, sind die Worte die hervorragendste. Sie kosten kein Geld und können dennoch viel bewirken. Worte können kalt sein, aber auch warm. Sie können sogar lächeln!

Das Lächeln, das du aussendest, kehrt zu dir zurück.

Indisches Sprichwort

Üben

Überlege bitte für einen Moment, welche Worte lächeln. *Schreck, Angst, Wut* vermutlich eher nicht. Wie wäre es mit *Blühen, Licht, Staunen oder Komisch*?

Schreibe bitte fünf lächelnde Worte auf, die dir jetzt einfallen:

_____

_____

_____

_____

_____

Lass diese fünf Worte eine Weile in dir wirken und wähle dann eines aus. Das ausgewählte Wort schreibe auf einen kleinen Zettel – nur dieses eine Wort – , stecke es in einen Briefumschlag und schenke es heute spontan jemandem.

Nachdenken

Erinnere dich, wie du heute dein lächelndes Wort verschenkt hast. Sieh dir in Gedanken genau an, wie du auf den betreffenden Menschen zugegangen bist, ihm den Briefumschlag überreicht hast und so weiter.

Notiere ein bisschen dazu. Sei ganz spontan und schreibe, was dir zum Verschenken des lächelnden Wortes jetzt einfällt:

13.Station
Einstimmen

(Erfinde deine eigene Überschrift für diesen Abschnitt)

Es gibt so unendlich viel, was uns zum Kauf angeboten wird. Dass uns die Fülle der Waren nicht förmlich erschlägt, die wir beim Gang durch die Innenstadt zu sehen bekommen, hängt vermutlich nur damit zusammen, dass wir es gewohnt sind. Wie würde es einem Nomaden aus der Wüste ergehen, wenn er unvermittelt und plötzlich den Berliner Ku'damm entlang ginge?

Von all den offerierten Möglichkeiten gibt es solche, die tatsächlich ein vorhandenes Bedürfnis ansprechen, und es gibt sehr viele, die das eher nicht tun. Es gibt Waren, die man gern und ehrlichen Herzens kauft (weil man von der Qualität ganz und gar überzeugt ist) und solche, bei denen man berechtigt zögern könnte (Eier von Hühnern aus Käfighaltung usw.). Mit unserem Konsumverhalten gestalten wir die Welt, denn was wir kaufen, wird auch immer wieder produziert.

Nicht die Welt macht diese Menschen, sondern diese Menschen machen die Welt.

Elfriede Hablé

Üben

Überlege bitte für einen Moment, was du gegenwärtig brauchst und darum kaufen willst. Irgendetwas wird es sicherlich geben. Es muss keine Waschmaschine sein, sondern kann auch ein Liter Milch oder ein Brot sein. Wähle von dem was dir einfällt etwas aus, was maximal den Wert von (zusammen) 10 Euro hat. Was ist das?:

Das Ausgewählte kaufe bitte heute so ein, dass du dich wirklich ganz und gar wohl fühlen kannst. Bevorzuge solche Bezugsquellen, bei denen du dir der Produktqualität genauso sicher sein kannst, wie der sozialen Verträglichkeit (keine Kinderarbeit oder Billiglöhne, keine Tierquälerei.....).

Nachdenken

Sieh dir in der Erinnerung beim Einkaufen zu (du kannst dafür die Augen schließen und dich wie in einem Film von außen sehen). Du betrittst das Geschäft, suchst das Produkt, nimmst es aus dem Regal, gehst zur Kasse....- Danach vergegenwärtige dir dein Gefühl: Du hast etwas ganz bewusst eingekauft, hast (wohlüberlegt) keine Bedenken, dafür dein Geld zu geben..... Wie fühlt sich das an? Bleibe ein paar Minuten bei diesem Gefühl. Und nun schreib ohne große Überlegung auf, was dir zu dieser Übung einfällt:

14. Station

Einstimmen

(Erfinde deine eigene Überschrift für diesen Abschnitt)

Bist du schon mal in einem Konzert gewesen, in dem ein Orchester musiziert hat? Die Gemeinschaft der zusammen Musizierenden vermittelt einen bestimmten Gesamteindruck. Eine Symphonie kann lustig und leicht sein, aber genauso gut melancholisch und dämmrig. An diesem Gesamteindruck sind viele verschiedene Instrumente beteiligt. Mancher genießt es, im Hören eines Konzerts nicht nur im Gesamteindruck zu verweilen, sondern auch die Vielfalt als solche zu erlauschen. Die verschiedenen Stimmen der Geigen, die punktuelle Dominanz der Oboe....

Alles um uns herum bietet zuerst einen Gesamteindruck, der ebenso aus einer schier unendlichen Vielfalt resultiert. Farben, Formen, Gerüche und Geräusche klingen zusammen. Jeder von uns ist an diesem Konzert des Lebens immer auch selbst beteiligt, in dem er allein schon durch sein Dasein zum Gesamteindruck eine besondere Nuance beisteuert. Je mehr wir das alles entdecken, desto mehr erkennen wir die Farbigkeit des Lebens.

Mit dem Leben ist es wie mit einem Theaterstück;
es kommt nicht darauf an, wie lange es ist,
sondern wie bunt.

Lucius Annaneus Seneca

Üben

Sieh dich jetzt einmal um. Lass deinen Blick in deiner direkten Umgebung schweifen. Sieh auch aus zum Fenster hinaus. Welche Farben siehst du? Notiere sie:

Welches ist deine Lieblingsfarbe?

_____

Sieh dich heute besonders aufmerksam um. Suche danach, wo überall du deine Lieblingsfarbe siehst. Und immer wenn das der Fall ist, lächle!

Nachdenken

Es ist schon erstaunlich, wie bunt unsere Welt ist. Oder? Die meisten Menschen, die diese Übung gemacht haben, sind hinterher sehr erstaunt. Nun hast du heute darauf geachtet, wo überall du deine Lieblingsfarbe zu sehen bekommst. Und? Mach deine Augen zu und erinnere dich daran. Wenn du nicht alles erinnern kannst, beschränke dich auf ein paar Momente. Und die genieße: Ganz entspannt für ein paar Minuten, bevor du deine Augen wieder öffnest.

Etappenrückblick

Da wir alle fortwährend Wirtschaft betreiben geht sie uns auch alle an! Dieser wichtige Bereich unseres Lebens ist viel zu schade dafür, als dass wir ihn Menschen überlassen dürften, von deren Handlungsqualität wir nicht per se überzeugt sind. Wir können (und sollten) Wirtschaft selbst in die Hand nehmen, sie *mit Bewusstsein* so gestalten und ausführen, dass sie unserem eigenen Qualitätsanspruch genügt.

Es gibt sehr viel, das wir geben und erhalten, was nicht für Geld erworben wurde. Das kann ebenso gut ein Lächeln sein, Wissen oder ein anfassbarer Gegenstand. Es ist wunderbar befreiend, das zu entdecken: *Vieles macht uns reich, was nichts mit Geld zu tun hat!* Wenn man diesen Bereich des Lebens erst mal entdeckt hat, ist der Schritt nicht mehr weit, eine darauf gegründete Wirtschaft zu betreiben. Wir alle können die sonst vorherrschende, monetarisierte Wirtschaft mit einem Verhalten ergänzen, aus dem heraus Reichtum anders verstanden wird und das darum auch zu einem anderen Umgang mit der Welt führt.

Die dritte Etappe

Mit spitzer Feder:
Hände waschen

Manche Menschen verzichten darauf, sich nach dem Toilettengang die Hände zu waschen. Das ist merkwürdig, gefährlich (für die Mitmenschen) und ärgerlich zugleich. Aber wusstest du, dass es ebenso empfehlenswert ist, sich VOR dem Toilettengang die Hände zu waschen?

Das jedenfalls empfahl jüngst ein Professor für Toilettenhygiene (solche Wissenschaftler gibt es wirklich!) in einer Radiosendung. Der Grund? Das Toilettenbrillen kontaminiert sind, entspricht weniger den Tatsachen, als den Vorstellungen, die Ekel erzeugend beim Betreten öffentlicher Toiletten in unseren Köpfen auftreten. Viel mehr als eine Klobrille sind oft unsere Hände mit Bakterien besetzt. Nämlich immer dann, wenn wir Geld in den Händen gehalten haben. Geld ist kontaminierter als Klobrillen, und darum empfiehlt es sich aus Sicht des Hygieneprofessors eben auch vor – und nicht nur nach – dem Toilettengang die Hände zu waschen.

Ich gebrauche diese Information als Bild, um darauf hinzuweisen, dass das Geld sogar ganz konkret nachweisbar Eigenschaften trägt, die uns Menschen durchaus gefährlich werden können. Aber es sind noch weit mehr und gefährlichere Eigenschaften, die das Geld mit sich trägt. Nicht nur Bakterien, die dem Geld anhaften, gefährden unsere Gesundheit, sondern auch Eigenschaften, die wir selbst dem Geld gegeben haben und fortwährend erneut verleihen. Ein Geldschein, den du irgendwann in Händen hältst, kann vorher den verschiedensten Zwecken gedient haben. Er war möglicherweise im Opferstock einer Kirche oder in der Brieftasche eines Drogenhändlers. Mit „deinem" Geldschein wurden vorher vielleicht Waffen bezahlt oder der Lebensunterhalt eines ansonsten verarmten Menschen. Vieles ist möglich und findet auch statt. Wenn wir mit Geld umgehen, reihen wir uns in eine Kette ein, die möglicherweise Kontaminationen weiter trägt. Mit dem gewöhnlichen Geld können die besten und fürchterlichsten Sachen passieren. Das ist „dem Geld" egal!

Geht es auch anders? Dazu wiederum eine kleine Geschichte. Ein ganzheitlich arbeitender Zahnarzt erzählte mir mal, dass er vor der Behandlung seine Patienten immer fragen würde, was sie denn nun wollen. Klar, was als Antwort nahezu immer kommt: „Ich möchte keine Schmerzen mehr haben. Bitte befreien Sie mich von den Schmerzen." Darauf der Zahnarzt: „Ich habe Sie nicht danach gefragt, was Sie NICHT wollen, sondern danach was Sie WOLLEN. Bitte denken Sie noch einmal über meine Frage nach."- Nun ja, wir kennen diese Situation, in der wir im Behandlungsstuhl sitzend auf Erlösung von unseren Schmerzen warten. Klar, was wir wahrscheinlich antworten würden. Oder? Aber die Frage des Arztes ist genial, denn sie weist darauf hin, dass es gar nicht so einfach ist, zu sagen, was man selbst *wirklich will*. Viel naheliegender ist es, sich aus dem heraus zum Wahrnehmen und Handeln in der Welt zu motivieren, was man eben nicht will. Die Probleme und Schmerzen sind offensichtlich viel augenfälliger, als die Chancen und Freuden, die das Leben auch immer für uns bereit hält. Da möchte man den Menschen sagen: „Ändert euren Sinn!", denn auch von unseren Wahrnehmungen und inneren Einstellungen hängt es ab, wie nachhaltig und erfolgreich wir unsere Ziele umzusetzen vermögen.

So könnte eine Frage lauten: „Was willst du für ein Geld?" Und eine mögliche Antwort könnte lauten: „Eines, dass den Zwecken der Natur und des Lebens dient"; womit so ziemlich alles gesagt ist, was ansonsten in vielen Ausführungen darstellbar wäre. Das uns gewöhnlich zur Verfügung stehende Geld bietet keinerlei Garantie dafür, unserem, in der fiktiven Antwort formulierten Impuls zu dienen. Es ist ein neutrales Tauschmittel, das durch die Art wie wir es verwenden, seine Eigenschaften bekommt. Wenn jemand etwas möglichst gut macht, einen Schrank zum Beispiel mit Sorgfalt und größtem Aufgebot handwerklichen Geschicks herstellt, dann ist ein Wert geschaffen, wo Natur (das Holz) nach menschlichen Ideen verändert wurde. Ein solcher Gegenstand ist der eigentliche Wert, früher nannte man ihn „Warengeld". Um den Umlauf von Waren und Leistungen als eigentliche Werte zu erleichtern, bedienen wir uns heutzutage des Geldes als Verrechnugseinheiten. Und für mich ist jedes Geld – auch der Euro – ein Komplement (eine Ergänzung) des eigentlich wirklichen „Geldes", das in Form von echten Waren und Leistungen erscheint. Dieser gedankliche Ansatz bindet Werteströme an die realwirtschaftlichen Ereignisse und transportiert darüber hinaus von einem zum andern Menschen auch gute Eigenschaften, die dem Geld von seinen Verwendern mitgegeben wurden. Wenn dann der Grundsatz ist, etwas möglichst gut zu machen, kommt eine neue Qualität in die Welt, die sich lohnt, von einem zum anderen weitergegeben zu werden.

15.Station

Einstimmen

(Erfinde deine eigene Überschrift für diesen Abschnitt)

Was dich umgibt, kann sehr verschieden sein, je nach dem in welcher Gegend dieser Welt du dich aufhältst. Auf Hallig Hooge in der Nordsee sind es überschaubare landwirtschaftliche Flächen, ein paar Tiere und Menschen und dann das weite Meer. Das prägt die Menschen dort ebenso, wie die Umgebung der Hamburger Speicherstadt. Jedenfalls ist immer irgendetwas da, das einen umgibt.

Mehr oder weniger Natur, mehr oder weniger Menschen, Stille oder ausgesprochen viel Geschäftigkeit und Lärm. Ausgehend von den natürlichen Grundlagen (eine kleine Insel mitten in der Nordsee oder die Nähe der Elbe) hat sich eine jeweils besondere Form von Kultur entwickelt. Die lokale Umgebung ist in den meisten Teilen der Welt zu einem großen Teil von Menschen gestaltet. Wie sehr auf die Vorgaben und Belange der Natur dabei Rücksicht genommen wurde, ist sicherlich sehr verschieden. Es ist allerdings immer ein besonderes Erlebnis, wenn man in seiner lokalen Umgebung auf solche Bereiche trifft, in denen der Natur, jedenfalls ein wenig, ihr Recht gelassen wurde. Solche Bereiche sind besonders lebendig und gar nicht so selten – wenn man sie nur sehen will.

Es gibt überall Blumen für den, der sie sehen will.

Henri Matisse

Üben

Heute unternimmst du wieder einen Ausflug. Gib dir wieder (wie bei der ersten Station) 30 Minuten, die du jetzt in den Lauf deines Tages platzierst.

Der Ausflug wird also von _____ bis _____ Uhr sein.

Denk dran: Dieser Termin (du bist mit dir selbst verabredet) ist sehr wichtig! Auch wenn dein Tag heute schon sehr verplant ist, streiche etwas anderes, verschiebe was möglich ist, um die 30 Minuten für deinen Ausflug einrichten zu können. Dann suche dir wiederum ein ruhiges Plätzchen, an dem du dich wohlfühlst, nachdenken und schreiben kannst.
Es geht bei der heutigen Übung um folgendes: Nehmen wir mal an, du würdest einen Kreis mit einem Durchmesser von fünf Kilometern um den Ort deiner Wohnung ziehen. In diesem Kreis kannst du alles bequem zu Fuß erreichen. Stelle dir jetzt einmal vor, wo, und wie viel, Natur in diesem Kreis zu finden ist. Wieviele Grünflächen gibt es? Hast du eine Ahnung, welche Tiere es in diesem Umkreis gibt? Oder welche Bäume, wie viele Pflanzen? Versuch mal, dir (zunächst in deiner Vorstellung) ein Bild davon zu machen und schreib ganz entspannt auf, was dir dazu einfällt. Deine Notizen dazu:

Nachdenken

Lies deine Notizen noch einmal ruhig durch. Du hast aufgeschrieben, was dir zu deiner lokalen Umgebung eingefallen ist. Was davon ist dir besonders wichtig? Sind es die Bäume am Spielplatz? Ist es die Endstation der Straßenbahn?

Wir kommen darauf bei der 20. Station deiner Entdeckungsreise zurück.

16.Station

Einstimmen

(Erfinde deine eigene Überschrift für diesen Abschnitt)

Bei der dritten und fünften Station ging es unter anderem auch darum, wie schön es sein kann, sich an etwas Kleinem zu freuen. Das können Kinder sehr viel leichter, als wir Erwachsenen. Uns gelingt es noch am einfachsten in besonderen Momenten (man bekommt zur Begrüßung eine einzelne Blume geschenkt...). Du kennst sicherlich auch die berühmte Frage, was du dir von einer Fee wünschen würdest, die dir drei Wünsche erfüllen will.
An dieser fiktiven Situation ist wichtig, dass man ganz frei ist und sich irgendetwas wünschen kann, was man mag. Da ist kein Drängen, kein Müssen, kein „das kann ich nicht". Die eine wünscht sich, das sie fliegen kann, der andere wünscht sich einfach mehr Zeit..... Diesen zuletzt genannten Wunsch kannst du dir übrigens selbst sofort erfüllen.

Liebst du das Leben? Dann vergeude keine Zeit,
denn daraus besteht das Leben.

Benjamin Franklin

Manche Menschen sind wunschlos glücklich (behaupten das jedenfalls von sich). Aber stell dir mal vor, wenn ein Tag der Woche eine halbe Stunde länger wäre als all die anderen Tage, du also einmal wöchentlich eine halbe Stunde mehr Zeit hättest. Was würdest du damit anfangen? Schreib ein paar Ideen dazu auf:

Nachdenken

Die halbe Stunde kannst du dir wirklich (auch dauerhaft) geben. Verwende sie zu etwas ganz neuem, was es bisher in deinem Wochenablauf noch nicht gegeben hat. Dazu hast du vorhin ein paar Ideen aufgeschrieben. Gehe die jetzt noch einmal durch und wähle eine aus, die dich am ehesten anspricht. Nehmen wir an, du würdest es dir (erst mal für zwei Monate) zur Gewohnheit machen, diese halbe Stunde an einem bestimmten Wochentag zu einer bestimmten Zeit für dich selbst zu reservieren. Wann soll das sein?:

Immer am _____ von _____ bis _____ Uhr.

Beschlossen?

17.Station

Einstimmen

(Erfinde deine eigene Überschrift für diesen Abschnitt)

Jemand von der Presse sagte einmal, dass nur schlechte Nachrichten gute Nachrichten sind. Nanu? Ja, mit schlechten Nachrichten wird eine Menge Geld eingeheimst (eben nicht *verdient*), denn die sind es, die den Sensationshunger bedienen. Unsere Medien sind davon voll. Und die guten Nachrichten? Es gibt tagtäglich weitaus mehr gute Ereignisse, als schlechte. Ganz sicher! Bemerkenswert ist allerdings, dass wir Menschen dem so wenig Aufmerksamkeit schenken. Schlechte Nachrichten, Berichte darüber, was schief gegangen ist und nicht funktioniert sind keine gute Nahrung für die Seele. Würdest du bevorzugt im Regen herumlaufen? Manchmal kann man es nicht vermeiden. Das stimmt. Aber du wirst lieber an einem sonnigen, milden Tag deine Wege absolvieren.
Schlechte Nachrichten kommen wie von selbst zu uns. Sie prasseln auf uns herein. Gute, wohltuende Nachrichten gibt es viel mehr, aber wir müssen sie suchen!

Ich kann nicht glauben, dass sich das unergründliche Universum um eine Achse des Leidens dreht, sicher muss die merkwürdige Schönheit der Welt irgendwo auf purer Freude ruhen.

Louise Bogan

Üben

Besorge dir eine Zeitung und lies sie aufmerksam durch. Du wirst vermutlich bestätigt finden, dass sie vor allem schlechte Nachrichten zum Inhalt hat. Aber du wirst vermutlich auch gute Nachrichten darin finden. Wähle eine der guten Nachrichten aus, die dich besonders anspricht und schneide den Artikel aus und lege ihn an deinen Rastplatz. Nachher beim Nachdenken brauchst du ihn.

Nachdenken

Erinnere dich an vorhin: Du blätterst die Zeitung durch, findest die gute Nachricht, liest sie und denkst darüber nach. Lass jetzt nur die guten Gefühle in dir leben, die Freude darüber, dass etwas Gutes geschehen ist. Sauge diese Freude auf, wie gute, frische Morgenluft. Atme tief und lächle. Genieße diese Stimmung eine Weile, danach klebe den ausgeschnittenen Artikel hier ein:

Und noch etwas: Wie geht es mit deinem Wunsch (3.Station)? Was würde sich verändern, wenn er sich erfüllen würde? Schreib hier ein wenig darüber auf:

18.Station

Einstimmen

(Erfinde deine eigene Überschrift für diesen Abschnitt)

Wie viele Bücher jemand gelesen hat, ist sehr unterschiedlich, auch wenn es vermutlich so ist, dass jeder Mensch schon mal irgendwelche Bücher gelesen hat. In der Zeit der Schule oder Ausbildung gibt es eine ganze Menge Pflichtlektüren, im Urlaub spannende Romane. Es gibt sogar Menschen, die Gedichte lesen oder Werke der Philosophie. Da „schafft" man allerdings möglicherweise nur ein, zwei Seiten die Stunde...

Das Lesen geschriebener Worte regt in besonderer Weise die eigene Vorstellungskraft an. Es kann auch so verstanden werden, dass wir Menschen uns besonders für solche Bücher interessieren, die unseren Vorstellungsgewohnheiten entsprechen (Krimis, Liebesromane, Sachbücher...). Lesen ist ein gutes Stück Kultur. Was lesen die Menschen in deinem Freundes- und Bekanntenkreis? Kennst du deren Bücher?

Wer zu lesen versteht, besitzt den Schlüssel
zu großen Taten, zu unerträumten Möglichkeiten.

Aldous Huxley

Üben

Wahrscheinlich gibt es auch in deinem Haushalt Bücher und darunter ist mindestens eines, das du besonders gern magst. Nimm dieses Buch zur Hand und beschieße, es heute mit einem anderen Menschen zu tauschen. Du gibst ihm (leihweise) dein ausgesuchtes Buch und er leiht dir eines aus seinem Regal. Verabredet euch, wann ihr einander die Bücher zurückgebt und bei einer Tasse Tee oder Kaffee ein wenig darüber plaudert.

Nachdenken

Wem hast du heute dein Buch _____
geliehen?

_____

Nimm das Buch in die Hand, das du dir heute im Gegenzug geliehen hast. Blättere ein bisschen darin, lies die eine oder andere Zeile. Ganz zwanglos, mal hier ein bisschen, mal dort. Nachdem du das ein paar Minuten gemacht hast, denke an den Menschen, der dir das Buch geliehen hat. Sieh ihm zu, wie er genau in diesem Buch liest, das jetzt vor dir liegt. Lass in dir die Gefühle aufsteigen, die du mit diesem Menschen verbindest und ruhe etwa zehn Minuten darin.

19. Station

Einstimmen

(Erfinde deine eigene Überschrift für diesen Abschnitt)

Archäologen können in Resten alter Kulturen lesen wie Menschen früher gelebt haben. Tonscherben, Verfärbungen im Boden oder Mauerreste sprechen zu ihnen und lassen Rückschlüsse auf die Stationen kultureller Entwicklung zu. Irgendwie hinterlässt das Leben immer Spuren, in denen sich in besonders markanter Weise ausdrückt, wie das Leben in einem bestimmten Augenblick verläuft.

Schon vor der eigenen Haustür beginnt es. Dort verlaufen Gehweg und Straße, sind Bäume und Blumen gepflanzt, Häuser angestrichen und beschriftet.... Das können wir uns ansehen, wie eine uns umgebende Welt, oder wir können es erleben, wie einen Teil von uns selbst. In dem Raum vor der Haustür leben wir in ähnlicher Weise, wie in unserer eigenen Wohnung. Beides ist dadurch Teil unseres auch ganz persönlichen Lebens.

Wer glaubt, über der Situation zu stehen,
steht in Wirklichkeit nur daneben.

Friedl Beutelrock

Üben

Finde heute irgendeinen Werbeprospekt. Vielleicht liegt einer in deinem Briefkasten oder im Treppenhaus. Wenn nicht, gehe zum Beispiel in einen Baumarkt oder in ein Modegeschäft und hole dir dort einen.

Stell dir vor, es wäre das Jahr 3020. Jetzt blättere diesen „über tausend Jahre alten" Prospekt so durch, als wärst du ein Archäologe. Sieh dir die Bilder und Texte an, als wolltest du etwas von ihnen über die (längst vergangene) Zeit erfahren, in der dieses Werbemittel erschienen ist. Was spricht aus diesem Prospekt zu dir? Wie haben die Menschen damals gelebt? Was haben sie gedacht? Schreib es einfach und nicht großartig überlegt auf:

Nachdenken

Lies bitte jetzt erst mal deinen archäologischen Bericht. Sieh dir zwischendurch dazu nochmal den Prospekt an, blättere von neuem in ihm. Jetzt lass solche Bilder vor dir aufsteigen, die zu dem passen, was für dich aus dem Prospekt sprach. Was sind das für Bilder? Nachdem du sie dir eine Weile angesehen hast, mache dazu hier ein paar Notizen:

20.Station

Einstimmen

(Erfinde deine eigene Überschrift für diesen Abschnitt)

Beim so genannten Guerilla Gardening tun sich Menschen zusammen, die in ihrer Umgebung größere oder kleinere Brachflächen bepflanzen. Durch so eine einfache, freie Tat bringen sie Freude in ihre Umgebung. Natürlich ist es einfacher, Zimmerpflanzen zu haben oder den eigenen Balkon zu begrünen, aber Gärtnern geht auch im öffentlichen Raum, wo es eine ganz besondere Wirkung hat.-

Eine überdachte Bushaltestelle ist bei schlechtem Wetter ein sehr sinnvoller Beitrag zur Lebensqualität, ebenso wie gut begehbare Spazierwege im Park. Verkehrszeichen und -regeln machen das Leben entspannter, und das Schneeräumen vor der eigenen Haustür erhöht die Sicherheit. Vieles davon wird von Menschen eingerichtet und getan, die das als ihren Beruf ausüben, noch mehr geschieht allerdings durch all diejenigen, die offenen Sinnes am Leben teilnehmen.

Nicht, weil die Dinge schwierig sind,
wagen wir sie nicht, sondern, weil wir sie nicht wagen,
sind sie schwierig.

Seneca

Bei der 15.Station hast du dir Gedanken zu deiner lokalen Umgebung gemacht. Lies deine Notizen dazu jetzt bitte noch einmal durch.

Gib dir heute wieder 30 Minuten für einen kleinen Spaziergang und wähle dafür ein Ziel in deinem lokalen Umkreis aus. Gehe dorthin und sieh dich um. Was kannst du an diesem Ort deiner Meinung nach beitragen, damit er noch schöner und angenehmer wird? Beobachte was in dir geschieht, während du darüber nachdenkst. Welches Für und Wider taucht auf? Was könnte dich dazu veranlassen, den Gedanken Taten folgen zu lassen? Was könnte dich daran hindern? Schreib es auf:

Nachdenken

Geh in der Erinnerung noch mal in Gedanken an den Ort in deinem lokalen Umkreis, den du dir heute dafür ausgewählt hattest. Du erinnerst dich an deinen Spaziergang dahin, siehst dir zu, wie du dich umsiehst und nachdenkst. Lass den Film vor deinem Inneren Auge jetzt so weiterlaufen, als würde genau das geschehen oder verändert worden sein, was du als weitere, gute Möglichkeit ausgemacht hast. Sieh dir das ein paar Minuten bei geschlossenen Augen an.

Danach beschäftige dich mit folgenden Fragen: Könntest du diese Veränderung an diesem öffentlichen Platz ausführen? Ist diese Aufgabe für dich machbar? Was fehlt dir möglicherweise dazu? Schreib es auf:

21.Station

Einstimmen

(Erfinde deine eigene Überschrift für diesen Abschnitt)

Im Winter, wenn es kalt ist oder im Sommer bei großer Hitze kann es in der Wohnung angenehm (warm oder kühl) sein. Zum Beispiel bei solchen Gelegenheiten erlebst du das *Drinnen* und *Draußen* noch deutlicher als in diesem Moment. Deine Wohnung gibt dir Geborgenheit. Sie ist ein Teil der Welt, deiner Welt. Ebenso gehört dein Stadtteil zu einer Region, die wiederum zu einem Land, zu einem Staat, zu einem Kontinent gehört, der Teil dieser Erde ist, die – wie Max Frisch es einmal ausdrückte – „blühend durch die Weltnacht schwebt"...

Dass irgendetwas auf dieser Erde von etwas anderem getrennt sein sollte, ist ein gedankliches Konstrukt. Meistens empfinden wir das Verbindende, also den Zusammenhang zwischen allen Wesen und Dingen des Lebens, zu wenig. Dabei tut es wohl, sich als ein Teil des großen, wunder- baren Lebens zu erfahren.

Der Mensch hat das Netz des Lebens nicht gewebt, er ist nur ein Strang dieses Netzes. Was immer er dem Netz antut, tut er sich selbst an.

Indianische Weisheit

95

Üben

Mach ein Fenster weit auf, setze dich in seine Nähe, lehne dich zurück und atme genussvoll und tief. Sieh hinaus, strecke dich und fühle dich einfach wohl..... Du hörst die Welt, du riechst sie, siehst sie. Was fällt die ein, wenn du dich jetzt so weit wie möglich auf den Gedanken einlässt, ein Teil dieser Welt zu sein? Notiere etwas dazu:

Nachdenken

Erinnere dich an die Übung von vorhin: Sich als Teil der Welt fühlen.... Was kannst du tun, um das häufiger erleben zu können?

Etappenrückblick

Der Begriff Wirtschaft sollte dringend davon erlöst werden, dass man bei seiner Verwendung immer zuerst an den Tauschhandel gegen Geld denkt. *Jede Handlung, die der Befriedigung eines Bedürfnisses dient, ist Wirtschaft.* Das ist also viel mehr, als man mit Geld erfassen und bewerten kann. Wenn du deinen Tag einteilst, indem du dir für dieses und jenes ein bestimmtes Maß an Zeit gibst, betreibst du Wirtschaft, ebenso wenn du deine Wohnung putzt oder im Garten die Blumen pflegst. Die meisten unserer wirtschaftlichen Aktivitäten erfolgen nicht gegen Geld. Es ist traurig, dass wir uns so sehr vom Geld bestimmen lassen, das ja von sich aus nur in einem Bruchteil unseres Lebens seinen Platz hat.

Das lässt sich allerdings ändern. Und zwar so, dass wir uns dieses Dilemmas erst mal bewusst werden und indem wir Schritt für Schritt entdecken, wie viele Bereiche unseres Lebens es gibt, in denen wir unabhängig vom Geld wirtschaften. Haben wir solche Bereiche erkannt, bieten sich viele Gelegenheiten, daraus noch mehr zu machen. Dieses Buch gibt dazu die ersten Anregungen.

Wenn wir uns dafür entschieden haben, zunächst in kleinen Schritten *aktiv und bewusst* eine Wirtschaft zu gestalten, die nach anderen Regeln funktioniert, als die auf Geld aufgebaute, beginnt sich sofort eine andere Qualität des Lebens zu entwickeln. Das aufzugreifen, es für die ganze wirtschaftliche Ordnung (schließlich auch für die an Geld gebundene) wirksam werden zu lassen, bedeutet *kulturkreativ* zu werden. Wirtschaft wird auf solchen Wegen für die Mitwelt und die Menschen verträglich. Sie wird nachhaltig, weil sie mit den Gesetzen des Lebens rechnet, statt sie zu unterwerfen. Daraus entsteht nach und nach eine neue Welt. Vielleicht ist diese Welt räumlich nicht identisch mit dem großen Erdball, aber sie wird als Ergänzung, als Komplement existieren und mit ihrer besonderen Kraft vom Kleinen ins Große ausstrahlen:

Indem wir leben, wirtschaften wir. Indem wir wirtschaften, gestalten wir unsere Welt. So wie wir wirtschaften, wird unsere Welt irgendwann sein.

Es dürfte mittlerweile hinlänglich klar geworden sein, dass wir meinen, dass man mit der Veränderung der Welt sinnvollerweise bei sich selbst beginnen sollte. Niemand braucht verzweifelt gegen Windmühlen kämpfen, sondern kann entdecken, dass das Leben eine Menge Gelegenheiten dafür bereithält, sofort mit der Verbesserung der Verhältnisse zu beginnen. Die dadurch erzeugte Qualität wird man sofort zu spüren bekommen, auch wenn man zu Beginn nur kleine Schritte wagt.

Es sind aber gerade die kleinen Schritte, die einen besonderen Mut erfordern. Wenn wir etwas als verbesserungsbedürftig erkannt haben, wollen wir zu schnell das große Ganze. Dadurch laufen wir Gefahr, uns zu übernehmen. Das Ergebnis ist danach unbefriedigend. Denn:

Viele Menschen sehen ein, dass etwas getan werden muss. Sie wollen dafür aber nicht lernen und üben, weil sie meinen, schon alles zu wissen und zu können. Dann handeln sie drauflos, bemerken irgendwann, dass das so nicht funktioniert und hören auf... Schuld am Scheitern geben sie danach der Welt, den Umständen oder den anderen Menschen.

Also nochmal: Habe Mut zu kleinen Schritten. Übe dich in Geduld. Und freue dich vor allem darüber, in deinem ganz persönlichen Leben immer mehr Bereiche zu entdecken, in denen du ganz frei so wirtschaften kannst, wie es dir und allen anderen gut tut.

Die vierte Etappe

Mit spitzer Feder:
Geht doch

Es tropft aus dem Wasserhahn, obwohl er abgedreht ist. Die Klinke an der Haustür wackelt, obwohl alle vier Schrauben angezogen sind. Alltägliche Probleme, die sich manchmal auch noch zu verabreden scheinen (der Wasserhahn hätte gereicht). Aber es gibt für alles eine Lösung ...

Auf dem Flughafen beispielsweise haben es die meisten Menschen scheinbar immer eilig. Geschäftigkeit gehört dazu. Im Baumarkt dagegen haben die meisten Leute Zeit. In aller Ruhe und mit gewichtigem Blick prüfen, schütteln, biegen ... vor sich hin pfeifend ein Lied auf den Lippen ... es wimmelt geradezu von entspannten Fachleuten. So groß der Genuss ist, in wenigen Minuten über den Wolken zu sein (da soll die Freiheit ja grenzenlos sein), ist es auch nicht ohne und durchaus erhebend, den neuen Spülkasten auf das Band an der Baumarktkasse zu legen - im vollen Bewusstsein, ihn selbst montieren zu können. Auch so was vermittelt das Gefühl einer schier grenzenlosen Freiheit!

Die Dinge sind einfacher geworden! Noch vor ein paar Jahren mussten Fliesen zum Beispiel mit dicken Mörtelbatzen im Dickbettverfahren an die Wand gebracht werden. Heute gibt es Fliesenkleber (Dünnbettverfahren), mit dem es auch Ungeübten gelingen kann, ein Badezimmer neu zu fliesen. Oder früher noch aufwendige Zimmermannsarbeiten können heutzutage fast wie ein Kinderspiel erledigt werden: Her mit dem Nagelplattenbinder statt sich mit Säge und Stemmeisen lange an Schlitz und Zapfen zu quälen – zwei fix drei ist der Carport fertig! Und alle diese wunderbaren Dinge (Spülkasten aus Kunststoff mit genormten Anschlüssen, Fliesenkleber, Nagelplattenbinder usw.) gibt es für jeden im Baumarkt.

Supermärkte gibt es in Europa seit etwa 60 Jahren. Begonnen hatte es in der Schweiz mit Lebensmitteln und Drogerieprodukten, die fortan („hoch gestapelt zu niedrigen Preisen") auf Verkaufsflächen ab 400 qm angeboten wurden. Der erste Supermarkt in Deutschland war im Jahr 1949 noch ein Flop, weil die Verbraucher ihn nicht annehmen wollten. Aber wenige Jahre später (1954) gelang Edeka der Durchbruch. Weitere 14 Jahre später gründete Otmar Hornbach den ersten deutschen Baumarkt, also einen Supermarkt für Nägel, Spülkästen, Blumentöpfe, Bretter usw. (alles unter einem Dach) und löste damit einen Trend aus: Nun wurden zunehmend großflächige Einzelhandelshäuser auf der „grünen Wiese" gebaut und zwar – wie wir alle wissen – nicht nur Baumärkte.

Ebenso wurde der Typus „Heimwerker" (Geht nicht gibt's nicht!) geschaffen. Wenn jetzt mal der Wasserhahn tropft oder die Klinke wackelt, ist Lösung auch ohne gelbe Seiten schnell in Sicht. Die Welt hat sich verändert. Immer schon, aber in den vergangenen 50 - 60 Jahren in einer bestimmten Hinsicht besonders: Immer mehr Leute suchen möglichst praktische Wege, die Aufgaben im Leben schnell und effizient selbst zu lösen. Spezialisten (oder Fachgeschäfte) werden erst und nur dann aufgesucht, wenn man selbst nicht mehr weiter kommt (oder der besondere, trockene Rotwein aus Portugal im Supermarkt einfach nicht zu kriegen ist).

Durch diesen kulturellen und sozialen Wandel wird die Botschaft transportiert, dass im Prinzip alle Aufgaben und Probleme im do-it-your-self-Verfahren gelöst werden können. Manche Patienten beraten sogar ihren Arzt beim Finden einer geeigneten Therapie, denn „man hat sich ja im Internet schlau gemacht". Manchmal führt das alles zu kuriosen Ergebnissen. Das sich jemand überschätzt hat, wird spätestens dann deutlich, wenn es bei den Leuten, die unter einem wohnen, nach dem Auswechseln des Wasserhahns von der Decke tropft. Aber trotzdem: Die Entwicklung führt unaufhaltsam in eine durchaus gute Richtung. Menschen, die zunächst selbst probieren Probleme zu lösen, sind mündige Menschen (auch wenn diese Spezies gerade von Ärzten nicht immer geliebt wird). Und: Es geht wirklich! Es gibt fast nichts, was man nicht tatsächlich wenigstens zuerst selbst probieren könnte.

22.Station

Einstimmen

(Erfinde deine eigene Überschrift für diesen Abschnitt)

Ich sah einmal ein Bild, das vor allem in grünlichen und bläulichen Farbtönen gemalt wurde. An eine Stelle war darauf ein winziges Blümchen in Zinnoberrot gemalt. Es war im Verhältnis zur gesamten Fläche des sehr großen Bildes tatsächlich winzig klein und dennoch in seiner Wirkung riesig groß.–

Es gibt die Erzählung von einem Mann, der irgendwann beschloss, jeden Tag eine Eichel im Boden zu vergraben. Er tat das einige Jahre lang und irgendwann war ein großer weiter Eichenwald gewachsen.–

Ein kleines Kind spielte am Strand, ging zum Meer, schöpfte mit einer kleinen Muschel Wasser und trug es zu einem Loch, das es unweit entfernt gegraben hatte. Ein alter Mann beobachtete das eine Weile und fragte schließlich das Kind, was es da machen würde. Darauf antwortete das Kind, dass es das Meer in das Loch schaufeln würde....

Man nimmt in der Welt jeden, wofür er sich gibt, aber er muss sich auch für etwas geben. Man erträgt die Unbequemen lieber, als man die Unbedeutenden duldet.

Wilhelm Busch

Wofür möchtest du dich geben (nicht: Wofür hältst du dich)? Gibt es ein Ziel, ein Ideal, das über deinen Alltag erhaben ist, unerreichbar erscheint, dich aber trotz alledem so erfüllt, dass du es nicht loslassen magst? Welches ist das? Denk eine Weile darüber nach und mach ein paar Notizen dazu:

Nachdenken

Erinnere dich in Ruhe an ein positives Erlebnis, das du mit diesem Ziel oder Ideal verbindest. Nun sieh dieses Erlebnis bei geschlossenen Augen erneut möglichst genau vor dir. Währenddessen wirst du auch etwas fühlen. Versuche in diesem Fühlen das Positive zu verstärken und das Negative einfach nicht zu beachten. Verweile ein paar Minuten in dem positiven Gefühl, bevor du die Augen wieder öffnest und dir wiederum dazu (zu den Gefühlen) ein paar Notizen machst:

23.Station

Einstimmen

(Erfinde deine eigene Überschrift für diesen Abschnitt)

Es ist bemerkenswert, wie viele Menschen dir in der ganzen zurückliegenden Vergangenheit in irgendeiner Weise dabei geholfen haben, so zu werden wie du jetzt bist. Die Menschen in unmittelbarer Umgebung (Familie, Freunde und so weiter) ebenso wie Menschen, denen du möglicherweise noch nie persönlich begegnet bist, aber deren Gedanken du (in einem Buch zum Beispiel) aufgenommen und für dich angewendet hast. Alle diese Menschen haben dir etwas gegeben, in der Regel ohne Erwartung einer Gegengabe.

Genauso gilt natürlich auch, dass du anderen Menschen für deren Entwicklung etwas bedeutest. Ob nun in kleinen freundlichen Gesten oder durch intensives, direktes Bemühen hast auch du anderen etwas gegeben, ohne daraus gleich einen in Geld vergüteten Handel gemacht zu haben. Dieses Geben und Nehmen ist ein außerordentlich wichtiger Teil unseres Lebens und der damit verbundenen Wirtschaft. Ganz ohne Geld wirkt eine Qualität direkt vom einen zum anderen.

Einen Vorsprung im Leben hat, wer da anpackt,
wo die anderen erst einmal reden.

John F. Kennedy

Üben

Versuche heute einmal, verstärkt darauf zu sehen, was *andere* brauchen. Ob in der Straßenbahn, am Arbeitsplatz, zu hause... egal wo. Sieh für heute mal vor allem von dem ab, was du selbst brauchst und wende dich so weit es geht, dem Bedarf deiner Mitmenschen zu. Du musst nun nicht überall einspringen und eine gute Tat nach der anderen vollbringen. Es geht vielmehr darum, dass du einen Eindruck vom Bedarf bekommst. Notiere dir dazu ein paar deiner Wahrnehmungen:

Nachdenken

Nachdem du jetzt die Notizen nochmal gelesen hast, die du zu deiner Bedarfsbeobachtung in deinem Umkreis gemacht hast, versuche sie zu sortieren. Verteile sie auf drei Bereiche:

1.Nahestehende Menschen
(Familienangehörige, Freunde):

2.Menschen, die für dich tätig wurden
(Tankstelle, Supermarkt, KollegInnen...):

3.Zufällige Begegnungen
(Bushaltestelle, vor der Haustür, im Kino....):

Wo würdest du am besten eine Stunde deiner Zeit investieren können (diese Stunde kannst du auch aufteilen), um einen vorhandenen Hilfsbedarf decken zu können?

24. Station

Einstimmen

(Erfinde deine eigene Überschrift für diesen Abschnitt)

In einem Gespräch über die Möglichkeiten, wie man kulturkreativ neue, gerechtere Wirtschaftsformen aufbauen könnte, um auf diese Weise die Qualität des Lebens zu steigern, sagte jemand zu mir, dass man solche Ideen mit kleinen Feiern oder Zeremonien im Freun-deskreis verbreiten könnte. Diese Anregung hat dann zum Zustandekommen dieses Buches beigetragen, denn ich finde diese Idee ausgezeichnet! Nicht über alles mögliche zu klagen, nicht hitzig und ermüdend Veränderungen zu fordern, sondern im gemütlichen Rahmen ein schönes, angenehmes Erlebnis mit ein paar Menschen zu haben, mit denen man im Kleinen beginnt.

Für jede von uns selbst initiierte Veränderung kommt es vor allem auf dreierlei an: Man muss eine Idee haben, man sollte sich ein paar Menschen suchen, mit denen man sie teilt und man braucht den Mut zum ersten Schritt der Umsetzung. Diese einfachen drei Voraussetzungen werden leider viel zu oft vernachlässigt. Sie können aber in kleinen Schritten geübt werden.

Liebe ist die stärkste Macht der Welt, und doch ist sie die demütigste, die man sich vorstellen kann.

Mahatma Gandhi

Wähle bitte einen Nachmittag oder Abend in etwa vierzehn Tagen, für den du ein paar Menschen (maximal fünf) aus deinem Umkreis zu dir nach hause einlädst. Diesen Menschen kannst du von deinen Erfahrungen mit diesem Buch erzählen. Vielleicht kannst du sie für kleine Entdeckungen mit großen Wirkungen begeistern? Es kommt in diesem Moment gar nicht auf Einzelheiten an, sondern nur darauf, dass du die Menschen auswählst, die du einladen möchtest.

Wann soll euer Treffen stattfinden?
Am: _____ um _____ Uhr

Mit welchen Personen möchtest du dich dann treffen?:

1._____

2._____

3._____

4._____

5._____

Bitte lade möglichst heute noch diese Personen zum ausgewählten Termin ein.

Nachdenken

Irgendetwas kann jeder Mensch. Vieles tun wir auch sehr gern: Im Garten arbeiten, mit Kindern spielen, ein Bild malen, Übersetzungen in andere Sprachen erstellen......... Neben dem, dass du etwas bestimmtes kannst, ist es von besonderer Bedeutung, dass es Tätigkeiten gibt, die du sehr gern ausführst. Welche sind das? Notiere sie:

Nun wieder etwas zu deinem Wunsch (3.Station): Du hast ein paar Menschen ausgesucht und eingeladen. Suche einen davon aus, mit dem du über deinen Wunsch reden wirst. Auch wenn du überrascht von der Idee bist, mit wem möchtest du über deinen Wunsch reden?:

_____

Was könntest du tun, um der Erfüllung deines Wunsches etwas näher zu kommen? Was vermutest du, würde dieser Mensch dir raten? Schreib ein paar Gedanken dazu hier auf:

112

25.Station

Einstimmen

(Erfinde deine eigene Überschrift für diesen Abschnitt)

Wir haben alle ein Bild von der Welt, die uns umgibt und in der wir leben. Damit meine ich nicht in erster Linie das Bild, das sich ergibt, wenn wir aus dem Fenster schauen. Ich meine ein Bild, das wir uns innerlich machen. Die Wahrnehmungen, die wir im Laufe eines Tages, einer Woche oder eines Jahres machen, ergeben zusammengefasst einen Eindruck von dieser unserer Welt, der beim einen Menschen so und beim anderen anders ausfällt.

Zu einem guten Teil wird ein solches Bild ohne unser direktes Zutun in uns erzeugt. Es gibt allerdings auch die Möglichkeit, darin aktiv zu sein. Du kannst bestimmte Dinge und Sachverhalte wahrnehmen, nicht weil sie auf dich einströmen, sondern nur weil du sie wahrnehmen *willst*. Du kannst sie sogar suchen. Erinnerst du dich an die 17.Station? Da ging es um eine positive Nachricht. Aus einem in dieser Weise wählerischen Blick kann sich für dich ein entsprechendes Bild der Welt ergeben, das nicht minder real ist. Es zeigt dir einen Bereich des Lebens, dem wir oft zu wenig Aufmerksamkeit zuwenden.

Es gibt Leute, die geizen mit ihrem Verstand
wie andere mit ihrem Geld.

Ludwig Börne

113

Üben

Sieh selektiv: Was ist schön, gut und positiv in deiner ganz persönlichen Welt? Notiere etwas dazu:

Nachdenken

Lies nochmal, was du vorhin aufgeschrieben hast. Was könntest du tun, um diese Seiten des Lebens noch mehr zu genießen? Notiere auch dazu ein paar Gedanken:

26.Station

Einstimmen

(Erfinde deine eigene Überschrift für diesen Abschnitt)

Pflanzen können nur in einem Boden wachsen, der dafür geeignet ist. Nehmen wir an, man würde sich an einem Ort befinden, der für das Anpflanzen von Blumen, Bäumen und Gemüse ungeeignet ist. Dann bestünde ein erster Schritt darin, den Boden entsprechend vorzubereiten.

Vor einigen Jahrzehnten führte eine Lebenskrise ein Ehepaar an einen fürs Gärtnern wirklich ungeeigneten Ort. Mit Entschlossenheit gingen die beiden daran, diesen Ort in einen Garten zu verwandeln. Bemerkenswert ist, dass sie eigentlich nicht viel vom Gärtnern verstanden. Sie erlitten darum Niederlagen, ernteten aber auch Erfolge. Ihre Entschlossenheit, Begeisterung und Liebe trug sie Stück für Stück weiter im Umsetzen ihres Ziels und bald war auf der verkarsteten Scholle ein blühender, Frucht tragender Garten entstanden, den es heute noch gibt und der mittlerweile als Findhorn Community weltberühmt geworden ist.

Die größte Entscheidung deines Lebens liegt darin, dass
du dein Leben ändern kannst, indem du deine
Geisteshaltung änderst.

Albert Schweitzer

116

Für dein Denken, Fühlen und Handeln gibt es ebenso einen Nährboden, wie für die Pflanzen im Garten. Erinnere dich an die Übungen, die du im Zusammenhang mit diesem Buch auf deiner Entdeckungsreise bisher gemacht hast. Blättere im Buch und lies in deinen Notizen. Was bereitet einen gesunden Boden für deine Seele? Welche der Übungen könnten für dich in Zukunft besonders wohltuend sein? Schreib ein bisschen dazu auf:

Nachdenken

Du hast dich an die Übungen und Erfahrungen erinnert, die dir besonders gut getan haben. Dann hast du überlegt, welche der Übungen zu regelmäßigen in deinem Leben werden könnten. Stell dir nun bei geschlossenen Augen eine Weile vor, wie du dich in den kommenden zwölf Monaten durch diese von dir ausgewählten Übungen verändern könntest. Sieh dich selbst nach zwölf Monaten (bei der Arbeit, im Freundeskreis, beim Spaziergang...).

Dann mache dir Notizen dazu, was sich für dich (und an dir und deinen Gewohnheiten usw.) nach zwölf Monaten besonders verändert haben wird.

27.Station

Einstimmen

(Erfinde deine eigene Überschrift für diesen Abschnitt)

In der 24.Station ging es um die drei Voraussetzungen für jedwede gewollte Veränderung: Man muss eine Idee (oder mehrere) haben, man sollte sich ein paar Menschen suchen, mit denen man sie (gedanklich oder durch konkrete Taten) teilt und man braucht den festen Entschluss anzufangen. Fataler weise kann Begeisterung auf dem Weg von der Idee zur Tat oftmals sehr rapide abnehmen. Das hat seinen Grund manchmal darin, dass man die Aufgabe überschätzt und die eigenen Möglichkeiten für zu gering erachtet.

Wenn du schon mal von Stein zu Stein hüpfend einen Gebirgsbach überquert hast, wirst du wissen, dass man dabei zügig vorgehen sollte. Es ist in einer solchen Situation eher ein Hüpfen gefordert, als ein gemächliches, vorsichtiges Voranschreiten. Je leichtfüßiger du im übertragenen Sinne von der Idee zur Tat schreitest, je weniger du dir dabei ausschweifende Gedanken über die Wenns und Abers machst, desto besser und sicherer kommst du voran.

Verbringe nicht die Zeit mit der Suche nach einem Hindernis. Vielleicht ist keines da.

Franz Kafka

Üben

Versuche mal, dir einen Menschen aus deinem Freundes-
und Bekanntenkreis vorzustellen, dem es offensichtlich
leichter als dir fällt, seine Ideen in die Tat umzusetzen. An
welchen Stellen legt dieser Mensch mehr Leichtigkeit an
den Tag als du? Was kannst du daraus lernen? Notiere es:

Bezogen auf die 3.Station: Was könntest du neu lernen
und üben, um der Realisierung deines Wunsches einen
Schritt näher zu kommen?:

Nachdenken

Nun eine ganz wichtige Frage: Was tust du wirklich gerne? Was kannst du besonders gut? Es ist nicht wichtig, dass du dabei an komplizierte Dinge des Lebens denkst. Eher sogar im Gegenteil. Es ist nicht schlimm, wenn du keinen Vergaser einstellen kannst. Es ist allerdings großartig, wenn du ganz viel von dem entdeckst, was die ganz gewöhnlichen „kleinen" Verrichtungen des Lebens sind: Abwaschen, kochen, die Straße fegen, vorlesen, zuhören....... Schreib solche Tätigkeiten auf, die du gut kannst und gerne tust:

Jetzt wähle fünf Tätigkeiten aus, die dir besonders gefallen.

1._____

2._____

3._____

4._____

5._____

28.Station

Einstimmen

(Erfinde deine eigene Überschrift für diesen Abschnitt)

Deine Entdeckungsreise gelangt an ihr Ende. Wie am Ende eines Urlaubs ist jetzt Zeit und Gelegenheit für einen Rückblick. Schön, dass du mitgemacht und diese Entdeckungsreise unternommen hast!

Das Konzept für dieses Buch ist entstanden, weil ich darin einen Weg sehe, wie wir alle gemeinsam die Welt ein bisschen besser machen können. Es war mein Ziel, dir Anregungen für dein eigenes Handeln zu geben. Du hast dich darauf eingelassen und schon dadurch einen Beitrag geleistet, der gut tut. Herzlichen, lieben Dank dafür!

Was wir brauchen, sind ein paar verrückte Leute;
seht euch an, wohin uns die Normalen gebracht haben.

George Bernard Shaw

Gib dir eine gemütliche Stunde, gestalte den Rahmen so,
dass er für dich angenehm, bequem und ungestört ist.
Blättere in diesem Buch, lies und erinnere dich. Notiere
ganz entspannt, was dir wichtig war und was eher nicht:

Etappenrückblick

Du bist als UnternehmerIn TopmanagerIn deines eigenen Lebens. Dein Unternehmensziel besteht darin, möglichst positiv zu leben. Du möchtest, dass es dir gut geht und dadurch nichts durch dich Schaden nimmt. *Das die eigene Freiheit nur bis dorthin reicht, wo die Freiheit eines anderen Menschen eingeschränkt würde, ist ein wunderbarer Gedanke. Ebenso wirst du dich vernünftigerweise nur so verhalten, dass die Natur durch dein Leben keinen Schaden nimmt.* Diese beiden Regeln entsprechen einer tief in uns verankerten Grundüberzeugung. Überall, wo du dich über diese Regeln hinwegsetzt, geschieht etwas, das dir in letzter Konsequenz nicht gut tut, auch wenn sich manche Menschen durch allerhand Argumente und Gleichgültigkeiten vormachen, sie könnten gut leben, auch wenn sie gegen diese beiden Regeln verstoßen.

Man kann es aber auch anders sehen: Alles ist gut, was den Zwecken des Lebens dient. Wenn du Gutes tust, wirst du dich gut fühlen, weil es deinem tiefsten Anliegen entspricht, die beiden Regeln des Lebens (1. Freiheit anerkennen und 2. Nachhaltig mit der Natur umgehen) einzuhalten.

Als ManagerIn deines Unternehmens solltest du dich immer wieder darum kümmern, inwieweit dein Handeln deinem Unternehmensziel entspricht. Ausgehend von den Verhältnissen in deinem Leben, mit den Voraussetzungen rechnend, die für dich die im Augenblick gegebenen sind, wirst du gut daran tun, immer wieder mal auszumachen, wie es um dein Unternehmen bestellt ist. Wo gibt es Bedarf, etwas zu verbessern? Was kannst du dafür neu lernen und üben? Wo brauchst du Hilfe und wer kann sie dir bieten? Gehst du mit deiner wichtigsten Ressource – mit deiner Zeit – optimal um?

Verstehe dein eigenes Handeln als Ergänzung des Mainstream. Es ist ein kleiner Teil der Welt, den du bewohnst und belebst, aber dieser Teil ist für dein Unternehmen der wichtigste. Es ist dein ganz persönlicher Lebensraum. Deine Aufmerksamkeit solltest du mehr und mehr darauf richten, in diesem Teil der Welt so zu wirtschaften, dass es den beiden Regeln und damit deinem zunehmenden Anspruch an Lebensqualität entspricht. Je mehr Menschen sich finden, die diese Auffassung teilen, desto besser für uns alle!

Konfrontation und Kommunion
(Aus meinem Buch „Mitwelt–Die Welt und wir sind eins")

Kann man es sich unter den gegebenen, gegenwärtigen Bedingungen erlauben, dem Leben „bloß" erwartend zu begegnen? Wenn es darum geht, etwas konkretes zu bewirken, wird man handeln müssen, um letztlich *Tat*-sachen zu schaffen. In der Welt in der wir leben, geht es immer und nur so zu. Hinzu kommt, dass besonders die schwierigen, schmerzhaften Erfahrungen zum Handeln drängen. Wie sollte man dem Elend in der Welt anders, als mit entschlossenen Taten begegnen?

„Das Was bedenke, mehr bedenke wie", ist eine kluge Weisheit, die sich auch auf unser Handeln in der Welt und die dennoch nicht zu übergehende Haltung des Erwartens anwenden lässt. Was wir als Menschen in unserem Leben jeweils sind, beruht auf unendlich vielen Einflüssen, denen wir ausgesetzt waren und sind. Unsere Existenz ist in einem komplexen Geflecht verankert, das aus allem geknüpft ist, was auf uns wirkte und wirkt. Das Leben kommt uns von da aus entgegen. Diese Grundgeste des Seins gilt es zu beachten, wenn nach dem Ausgangspunkt für die erwartende Haltung gesucht wird. Diese Grundgeste in den eigenen Lebensentschlüssen und Taten nachvollziehen zu können, erfordert allerdings auch eine ruhige Besonnenheit, zu der unser alltägliches Leben vordergründig ganz und gar nicht veranlagt ist. Es begegnet mir immer wieder, dass mir Menschen sagen, sie hätten keine Zeit und Muße für eine regelmäßige Pflege ihres inneren Lebens in, zum Beispiel, Kontemplation, Meditation und Gebet. Anderes als das sei in ihrem Leben stärker gefordert. Wie aber wollen wir aus eigenen Überzeugungen und freien Entschlüssen Mensch sein, wenn wir nicht die Zeit finden, hin und wieder besonnen nach innen zu lauschen, uns also dem „Spüren, Erahnen, Dämmern und Träumen" zuzuwenden, das der Physiker Hans-Peter Dürr so genannt hat?

Vielleicht ist es Ihnen schon mal gelungen, einen zweckbefreiten Blick auf sich selbst zu werfen. Ihre Bemühung war dann darauf gerichtet, alles zu ignorieren, was Sie in einer bestimmten Art und Weise alltäglich Mensch sein lässt. Diese alltäglichen Einflüsse können wir in aller Regel nicht einfach dauernd ausblenden oder „abschalten", aber in besonderen Momenten der Besinnung gelingt das nach einer gewissen Übung dennoch für eine Weile. Bestenfalls wird dafür ausreichen, zu erahnen, wie es eine so oder so gesetzte Haltung ist, mit der wir uns mit den Alltäglichkeiten verbinden. Für die Haltung des Erwartens, auf die es mir hier ankommt, geht es darum, zu durchschauen, dass und wie weit wir alle Kinder der Verhältnisse und Umstände sind, in denen wir leben.

Diese Einsicht wäre billig und zu dumm, wenn wir nur beim Ergebnis einer abstrakten Analyse auskommen wollten. Ein solches Ergebnis könnte uns lediglich dazu veranlassen, uns mit dem Gewordenen und Gegebenen entweder zu identifizieren oder es eben nicht zu tun. Vielmehr kommt es aber auf eine *Inkarnation* an, die etwas Gewordenes nicht bloß anerkennt, sondern es zum eigenen Leib und Wesen macht. Die Frage ob das denn überhaupt (noch) möglich ist, stellt sich allerdings noch dezidierter. Eine für alle Menschen immer gleiche Antwort darauf kann es, das wird schnell klar, nicht geben. Nur jeder einzelne Mensch für sich kann darüber entscheiden, ob er sich im Hier und Jetzt – nicht nur leiblich, sondern eben auch seelisch und geistig – inkarnieren *will*. Ich würde sagen, dass es die erlebte Frage und die darauf folgende Antwort sind, die den Menschen zum Menschen machen.

Insofern wir erkennen, dass eben diese Frage für unser menschliches Bewusstsein typisch ist, und dass wir darüber individuell entscheiden können und sollen, finden wir auf originäre Art und Weise zu uns selbst. Mögen wir in dieser Welt wirklich leben? Ist sie uns so lieb, so angenehm und so vertraut, wie unsere Wohnung oder das liebste Kleidungsstück? Hier begegnen wir immer mehr dem Bedarf der Welt, der sich mit unseren Möglichkeiten verbinden lässt. Die Welt nährt, trägt und belebt uns unablässig, anders ginge es für uns nicht. Die Welt wird dauernd eine andere, weil wir da sind und in ihr leben, anders geht es auch für sie nicht. Erwartung wirkt den Menschen ins Leben hinein. Diese innere Haltung einzunehmen ist bestenfalls sein aktiver Anteil am über alles entscheidenden Inkarnationsprozess. Darin übt er, zu wollen, nicht zu wollen. Der Sinngehalt seines Lebens inkarniert sich in ihn, wodurch er schließlich die ganze Welt bewusst als zu seinem eigenen Leib werdend erlebt.

fairventure®-Kurs „aktiv-zukunft-leben" (von Peter Krause)

Einführung in christlich-anthroposophische Weltsicht und spirituelle Schulung

Wir Menschen der Gegenwart beanspruchen (aus guten Gründen), dass wir die Antworten zu den wichtigsten Fragen im Leben individuell finden wollen und können. Zu der aus Freiheit erlangten Erkenntnis und Entscheidung gibt es nur schlechte Alternativen. Insofern freie Entscheidungen auf der Fähigkeit beruhen, sich an dem zu orientieren, was die innere Stimme zu uns spricht, ergibt sich die Relevanz spiritueller Orientierung. In einem Fernkurs können Sie sich die Grundlagen einer spirituellen Weltsicht und Schulung auf anthroposphisch-christlicher Grundlage erarbeiten bzw. bereits vorhandenes Wissen darüber vertiefen.

Der Kurs ist so konzipiert, dass Ihr Erleben der Natur vertieft wird. Zugleich erfahren Sie, wie eine spirituelle Lebensführung gestaltet werden kann. Zu den drei Gebieten Kontemplation, Meditation und Gebet werden Übungen vorgestellt und Anwendungsfelder beschrieben, die in den persönlichen Alltag integriert werden können. Spiritualität im Sinne der Anthroposophie verbindet mit der Welt des Alltäglichen, indem das Bewusstsein für die Gegenwart der geistigen Welt verstärkt wird.

Für weitere Informationen und für die Anmeldung besuchen Sie bitte die Webseite

aktiv-zukunft-leben.de

fairventure®-Kurs „Wirtschaft"
(von Peter Krause)

**Lernen,
wie man die Welt
um sich herum verändern kann**

Leben ereignet sich in dauerndem Wandel. Daran sind wir alle aktiv und passiv beteiligt. Immer mehr Menschen wollen sich für eine gute Zukunft engagieren, weil sie merken, dass es in den ausgetretenen Pfaden so nicht weiter gehen kann. Die Initiative, die für nachhaltige, ökologisch sinnvolle Lebensweisen entfaltet wird, erfordert, wenn sie effektiv sein will, ein gewisses Grundwissen zu Fragen der Ökonomie und des Geldes. In einem Fernkurs können Sie sich dieses Wissen nun systematisch erarbeiten.

Das erworbene Wissen wird Ihnen helfen, sich wirksam in privaten, gewerblichen oder bürgerschaftlich organisierten Initiativen zu engagieren. Sie erarbeiten sich für den privaten oder beruflichen Alltag die wichtigsten betriebswirtschaftlichen Grundkenntnisse, lernen Komplementärwährungen kennen und erfahren vieles zu den Zusammenhängen, die man kennen sollte, wenn man auch auf wirtschaftlichem Gebiet die Welt und das Leben zum Guten verändern will.

Für weitere Informationen und für die Anmeldung besuchen Sie bitte die Webseite

aktiv-zukunft-leben.de